Christine Hubka
Mehr als Beileid

Christine Hubka

MEHR ALS BEILEID

So können wir Trauernde
in schweren Zeiten begleiten

Tyrolia-Verlag • Innsbruck-Wien

MIX
Papier | Fördert
gute Waldnutzung
FSC® C147178

Nachhaltige Produktion ist uns ein Anliegen; wir möchten die Belastung unserer Mitwelt so gering wie möglich halten. Über unsere Druckereien garantieren wir ein hohes Maß an Umweltverträglichkeit: Wir lassen ausschließlich auf FSC®-Papieren aus verantwortungsvollen Quellen drucken und verwenden Farben auf Pflanzenölbasis. Wir produzieren in Österreich und im nahen europäischen Ausland, auf Produktionen in Fernost verzichten wir ganz.

Mitglied der Verlagsgruppe „engagement"

© 2024 Verlagsanstalt Tyrolia, Innsbruck
Umschlaggestaltung: Team Stadthaus, Innsbruck
Layout und digitale Gestaltung: Tyrolia-Verlag, Innsbruck
Druck und Bindung: Alcione, Lavis
ISBN 978-3-7022-4212-1
E-Mail: buchverlag@tyrolia.at
Internet: www.tyrolia-verlag.at

INHALT

VORBEMERKUNG

Dieses Buch richtet sich an Menschen, die Trauernden in Freundschaft verbunden sind und sein wollen. Es richtet sich auch an Arbeitskolleginnen, Nachbarn, Parteifreunde …, einfach an alle, die im ganz normalen Leben auf einmal mit einem Menschen Umgang haben, dessen Welt zusammengebrochen ist, weil ein wichtiger Mensch gestorben ist.

Denn auch die Menschen, die den Trauernden nahe sind, erleben eine herausfordernde Zeit. Manche Unsicherheit, allerhand Wundersames mag es in den Begegnungen auf einmal geben, die doch bis vor kurzem so unkompliziert waren. Manches wird sich mit normalem Menschenverstand klären lassen. Für anderes findet sich hoffentlich der eine oder andere nützliche Hinweis in den folgenden Abschnitten.

Dieses Buch kann, aber muss man nicht, von vorne nach hinten lesen. Die Abschnitte sind so gestaltet, dass man nach Interesse und Notwendigkeit auch hin und her springen kann.

I.

ZUR EINSTIMMUNG
ETWAS PERSÖNLICHES

Beileid auszudrücken ist nicht einfach. Zum ersten Mal sollte ich das, als ich dreizehn Jahre alt war. Die Mutter einer Sandkistenfreundin war verstorben. Meine eigene Mutter verlangte von mir, dem hinterbliebenen Ehemann schriftlich mein Beileid auszudrücken. Ich hatte keine Ahnung, wie das geht. Ich kann mich nicht erinnern, was ich damals geschrieben habe. Daran, dass ich etwas geschrieben habe, besteht kein Zweifel. Wenn meine Mutter etwas verlangte, gab es kein Entkommen.

Woran ich mich gut erinnere, ist jedoch, dass ich die Verstorbene nicht leiden konnte. Ich fand sie unangenehm. Sie roch schlecht für meine Teenagernase. Immer hatte sie an uns Kindern etwas zu nörgeln. Sie mischte sich in unsere Rollenspiele ein, die wir phantasievoll spielten, wusste es besser, wie wir diese oder jene Rolle darstellen sollten und bestand darauf, dass wir es so machten, wie sie es verlangte. Wie man sich denken kann, endeten an diesem Punkt die bis dahin vergnüglichen Spiele. In der Straßenbahn durften wir Kinder uns nicht hinsetzen, auch wenn es genug freie Sitzplätze gab. Sie befand, dass Kinder nicht sitzen müssen. Manchmal war ich aber nach zwei Stunden am Sportplatz sehr müde. Das ließ sie als Begründung für meinen Wunsch, mich zu setzen, nicht gelten.

Ich schrieb damals wohl irgendwie „mein Beileid", konnte mich jedoch als junges Teenagermädchen in keiner Weise in die Situation des verwitweten Ehemannes und nun alleinerziehenden Vaters hineinversetzen. Meine gleichaltrige Freundin hatte noch einen um fünf Jahre jüngeren Bruder. Ich konnte mich nicht einmal in die Lage meiner Freundin einfühlen, obwohl ich darüber nachdachte, wie es für sie nun wäre und was sich in ihrem Leben änderte. Als Erstes fiel mir die Frage ein, ob sie ab nun in der Straßenbahn einen freien Sitzplatz benutzen wird können. Herzlos? Sind solche Gedanken herzlos? Ich glaube nicht. Denn beim Tod eines Menschen gehen einem viele Gedanken durch den Kopf. „Mein Beileid" zu sagen, ist etwas anderes, als jemanden in seinem Schmerz und der aktuellen Gemütsverfassung wahrzunehmen. Dazu war ich mit dreizehn Jahren nicht fähig.

Ich selbst wurde mit 27 Jahren Witwe. Mein Sohn war gerade sechs Monate alt, die Tochter fünf Jahre. Nun war ich auf der empfangenden Seite von Beileid.

Mein Mann wurde auf einer Urlaubsreise mit Freunden nach Spitzbergen von einem Eisbären gefressen.

Ich bitte Sie, liebe Leserin, lieber Leser, jetzt kurz innezuhalten.

Was war Ihr erster Gedanke, als Sie das gelesen haben?

Ganz unterschiedliche Reaktionen der Menschen um mich sind mir in Erinnerung: Seine Eltern und Geschwister gaben mir die Schuld an seinem Tod, weil er mit Freunden von mir die Reise unternommen hatte, von der er nicht mehr zurückkommen sollte. Manche haben sich mit der spektakulären Art seines Todes beschäftigt. Da kamen gute Ratschläge im Nachhinein: „Die hätten halt auf Spitzbergen Gewehre mitnehmen müssen. Man weiß doch, dass es dort Eisbären gibt …" Manche sind sogar extra in den Tiergarten gegangen, die Eisbären ansehen.

Wenn Menschen so reagierten, hatte ich das Gefühl, dass sie mich und die Kinder gar nicht wahrnehmen konnten oder wollten. Wie es uns gerade erging. Was wir zu sagen hatten. Denn für uns war die Art und Weise, wie er zu Tode gekommen ist, nicht bedeutsam. Bedeutsam für unser Leben, das nun nie wieder so sein würde, wie es gewesen ist, war die Tatsache, dass er nicht mehr da war.

Noch Jahrzehnte danach holte mich die Organisatorin eines Vortrags, zu dem ich extra angereist war, vom Bahnhof ab. Statt mit mir über meine Aufgabe zu reden, war ihre erste Frage: „Wie war das damals genau mit Ihrem Mann und dem Eisbären?" Andere zogen sich still und leise zurück. Vieles, was wir als Paare und Familien zusammen gemacht hatten, war für mich als alleinerziehende Mutter nicht mehr zugänglich. Ich wurde zu den Gartenfesten nicht mehr eingeladen. Die gemeinsamen Ausflüge mit den Kindern fanden für uns nicht mehr statt.

Heute denke ich, dass die Menschen mit der Situation einfach nicht umgehen konnten. Und statt etwas falsch zu machen, haben sie sich aus Unsicherheit lieber nicht mehr gemeldet.

Dort, wo der Kontakt blieb, hatte ich immer wieder das Gefühl, dass die Frauen mich wachsam beobachteten, ob ich ihrem Mann nicht zu nahekäme. Schließlich war ich trotz aller Trauer eine attraktive junge Frau. Manche hatten auch durchaus Grund, wachsam zu sein. Die Hilfsbereitschaft mancher Männer hat sich zuweilen auf eine mir unangenehme Form der Nähe hinbewegt. Das vertraute Küsschen zur Begrüßung, dauerte eine Spur zu lang und war irgendwie intensiver als sonst. Eine freundschaftliche Umarmung, die zu eng und zu nah geworden ist …

Auch hier denke ich, dass niemand mit böser Absicht sich so verhalten hat. Es war ja für alle eine Situation, die sie noch nie erlebt hatten, für die sie noch keine Routine entwickelt haben. Das war etwas, womit sich niemand auskannte. Unsere Großmütter hatten uns dafür kein Rezept hinterlassen. Unsere Väter haben es uns nicht vorleben können. Denn junge Familienväter sterben in der Regel nicht und schon gar nicht auf diese Weise. Absolutes Neuland also und weit und breit keine Navigationshilfe.

So eine Navigationshilfe will dieses Büchlein sein. Kein Rezeptbuch, sondern eher eine Sternenkarte, nach der sich jeder und jede dann in der jeweils eigenen und einzigartigen Situation orientieren kann. Es bleibt auf jeden Fall noch genug Herausforderung für das eigene Gespür, die eigene Intuition. Denn natürlich ist jede Situation einmalig und neu, weil das Leben und Erleben der Menschen einmalig ist.

II.

VON DER TODESNACHRICHT BIS ZUR BESTATTUNG

DAS BEILEIDSCHREIBEN

Da sitzt man nun vor einem Blatt Papier, den Stift in der Hand. Was soll ich schreiben? Wie soll ich anfangen? Herzlichen Glückwunsch! Sie haben die erste Hälfte der Herausforderung schon geschafft. Sie haben sich für ein handgeschriebenes Beileidschreiben entschieden. Naja, wer seine Handschrift unleserlich findet, greift dann vielleicht doch lieber zum PC.

Für mein Empfinden sind alle anderen Kommunikationskanäle, auf denen wir uns täglich tummeln, ein absolutes No-Go: SMS, WhatsApp, Signal, die Sprachbox und was es da sonst für Möglichkeiten gibt. Sowohl die Kürze, in der hier kommuniziert wird, als auch die Schnelligkeit, mit der man sich der Aufgabe entledigen kann, scheint mir in dieser Situation unpassend und zu unpersönlich zu sein. Auch beim Kommunizieren ist die Wahl des passenden Werkzeugs entscheidend. Nicht nur, wenn man ein Fahrrad repariert, einen Knopf annäht oder sich die Nägel schneidet.

Was aber schreiben? Die schlechte Nachricht lautet: Keine Worte, seien sie auch noch so aufrichtig gemeint und aus dem Herzen kommend, können trösten.

Im Internet finden sich unzählbar viele Seiten, die Hilfestellung bei Kondolenzschreiben anbieten. Textbausteine sind es, die alle gängigen Floskeln und das, was man bei solchen Anlässen angeblich sagt, versammeln: „Unser herzliches Beileid zum Verlust …, Meine aufrichtige Anteilnahme zum Verlust …, Herzliches Beileid …, Ich übermittle euch mein tiefes Beileid …, Wir trauern mit dir und deiner Familie …, In diesen schweren Stunden sind meine Gedanken bei dir …, Wir sind tief betroffen und trauern still mit dir …" Und so weiter und so fort. Diese Floskeln und vorfabrizierten Formulierungen helfen wohl eher denen, die sie von sich geben. Denn nun können sie mit dem Gefühl, ihre Schuldigkeit getan zu haben, zu ihren Wichtigkeiten zurückkehren.

Ich selbst erzähle bei solchen Gelegenheiten gern kleine feine Episoden, die ich mit dem Verstorbenen erlebt habe. Wie ich ihn oder sie wahrgenommen habe. Auch wenn ich selbst traurig und tief betroffen bin, breite ich meine Traurigkeit und meinen Schmerz vor der Witwe oder Mutter, dem Lebensgefährten oder Vater, also den nächsten Hinterbliebenen nicht aus. Ihr Schmerz ist immer größer. Ihre Traurigkeit immer tiefer als meine. Wieso soll ich sie dann mit meiner belasten? Anna macht in ihrer Geschichte im letzten Kapitel deutlich, wie sehr es sie belastet hat, wenn die Menschen mit ihrer Trauer ausgerechnet zu ihr gekommen sind. Und sie beschreibt, wie sie das in ihrer eigenen Trauer gehindert hat.

Wichtig ist, dass die Hinterbliebenen vermittelt bekommen, dass ich den Verstorbenen geschätzt habe. Was aber, wenn der Verstorbene, die Verstorbene, keine flauschige Persönlichkeit war, mit der man gern zusammen war? So wie die Mutter meiner Sandkistenfreundin. Wenn die Hinterbliebenen es mit ihr oder ihm nicht immer leicht gehabt haben, dann darf man das auch mit Respekt und Wertschätzung ausdrücken. Wenn der oder die Verstorbene nach langer Krankheit, begleitet und gepflegt von den Angehörigen, verstorben ist, tut es gut, ihre Mühe und Plage anzusprechen. „Für ihn oder sie ist es besser so", ist jedoch ein Satz, der selten angemessen ist. Denn ich weiß ja nicht, ob sich dieser Mensch gewünscht hat, zu sterben oder trotz aller Mühsal weiterzuleben. Es sei denn, ich habe den einen oder anderen Wunsch bei einem Besuch oder Gespräch selbst gehört. Dann kann ich mich darauf beziehen. Die neue Situation der Hinterbliebenen ansprechen, kann auch sinnvoll sein: „Jetzt musst du, liebe Hanna, mit den Kindern allein zurechtkommen." Oder: „Du hast jetzt, lieber Martin, deine Reisegefährtin verloren."

Wenig hilfreich ist es in dieser Phase, schon positive Lösungen in Aussicht zu stellen. „Aber du wirst das schon schaffen mit den Kindern, du bist ja so stark", ist eher kontraproduktiv. Ebenso wie „Du wirst schon wieder jemanden finden, der mit dir auf Reisen geht." Auch der allseits beliebte Satz „Zeit heilt alle Wunden", erscheint mir fehl am Platz zu sein. Denn ich kann zwar hoffen, dass der Schmerz des Verlustes mit der Zeit schwächer wird, ob er jedoch jemals ganz vergeht, kann ich nicht sagen. Und ich meine, niemand kann das. Josef erzählt im letzten Kapitel, dass seine Frau ihm auch nach Jahren jeden Tag abgeht.

Das Ende des Schreibens sollte nur Versprechungen und Angebote enthalten, die realistisch sind. „Ich werde dir immer, wenn du es brauchst, mit den Kindern helfen" ist ein Versprechen, das niemand einlösen kann. „Ruf mich an, wenn du was brauchst" hilft leider auch nicht weiter, weil es von dem trauernden Menschen eine Aktivität verlangt, zu der er oder sie im Moment gar nicht fähig ist. Wie also ein Ende finden? „Wir sehen uns bei der Beerdigung" ist ein möglicher Schluss. Oder: „Ich rufe dich nächste Woche an." „Ich könnte dir die Kinder für ein paar Stunden abnehmen am Dienstag oder Mittwoch" ist eine Möglichkeit. Dann muss aber sowohl der Anruf als auch das Hüten der Kinder tatsächlich stattfinden. „In Gedanken bei dir und deiner Familie", passt immer.

DIE REDEN BEI DER BESTATTUNG

Für den letzten Weg eines Verstorbenen gibt es heutzutage viele verschiedene Möglichkeiten. Hierzulande sind immer noch die Erdbestattung (Beerdigung) und die Einäscherung mit anschließender Urnenbeisetzung (Verabschiedung) am gebräuchlichsten. Die „Baumbestattung", wo die Urne in einem Wäldchen beigesetzt wird, gewinnt jedoch an Bedeutung. Hier gibt es keine feste Grabstelle. Nur am Baum kann ein Namensschildchen angebracht werden.

Zuweilen werden enge Freunde und Wegbegleiterinnen gebeten, während der Trauerfeier etwas zu sagen. Hier gibt es viel Potential für vermeidbaren Ärger. Denn, sagen wir, der verstorbene Hans war seit der Volksschule mit Fritz befreundet. Die beiden haben viel miteinander erlebt. Aber leider kann Hilde, die Witwe von Hans, Freund Fritz nicht ausstehen. Die beiden konnten sich von Anfang an nicht riechen. Und gerade das, was Fritz an Hans so liebenswert fand, seine überraschenden Aktionen, seine Großzügigkeit in Geldsachen, war in der Ehe mit Hilde Ursache für heftige Auseinandersetzungen. Bei einer Trauerfeier haben die verschiedenen Anwesenden sehr unterschiedliche Erfahrungen mit dem Verstorbenen gemacht und bringen eine ganze Reihe an Emotionen mit. Die Stieftochter von Hans kann ihn als viel zu strengen Stiefvater abgelehnt haben und ist nur ihrer Mutter zuliebe überhaupt mitgekommen, um sie zu stützen und zu unterstützen. Wenn Fritz nun in seiner Rede Hans' Vorzüge rühmt, wie er gerne im Freundeskreis großzügig Runden ausgegeben hat, wie er kurzfristig Ideen entwickelt, aber auch verworfen hat und das Zusammensein mit ihm immer auch Überraschungen gebracht hat, werden Hilde und ihre Tochter die Zähne zusammenbeißen und den Impuls, die

Feier zu verlassen, unterdrücken. Fritz ist auf der sicheren Seite, wenn er kleine feine Episoden zum Besten gibt. Wenn er von gemeinsamen Reisen oder von der Schwierigkeit, einen Termin zu finden, erzählt. Es müssen nicht immer Heldengeschichten sein, die dem Verstorbenen nachgesagt werden. Wenn Fritz es dabei schafft deutlich zu machen, dass er hier aus seiner eigenen Perspektive erzählt, wird sich der Widerstand bei denen, die Kritisches zu sagen haben, in Grenzen halten.

Noch komplizierter wird es, wenn sowohl die aktuelle Ehefrau als auch die gewesene Geschiedene an der Bestattung teilnehmen. Mir selbst ist während meiner Vikariatszeit, also der Lehrlingszeit fürs Pfarramt, passiert, dass die Witwe bei der Vorbereitung auf die Beerdigung mir viel und nur Gutes über ihren Ehemann erzählt hat. Makellos, untadelig sei er gewesen. Jahrzehnte lang sei er treu geblieben. Nun, ich nahm etwas davon, vor allem die Treue, in meine Ansprache auf. Ich hatte ja den Herrn nicht persönlich gekannt. Nach der Trauerfeier kam wutentbrannt eine Dame zu mir, die um einige Jahre jünger war als die Witwe. Sie stellte sich als die aktuelle Freundin bzw. Lebensgefährtin des Verstorbenen vor. Offenbar hat die Witwe sich auf diese Weise an der anderen Frau gerächt.

Hinfort habe ich keine Informationen mehr für bare Münze genommen und keine angeblich faktischen Aussagen übernommen. Das Beziehungsgeflecht eines Menschen ist nach Jahrzehnten Lebenszeit komplexer als wir in der Regel selbst bei guten Freunden und Freundinnen wissen und wahrnehmen können.

NUR GUTES ÜBER DIE TOTEN REDEN?

De mortuis nihil nisi bene heißt das berühmte und jahrhundertealte Sprichwort: „Über die Toten sage nichts außer Gutes." Doch ist das hilfreich?

Als meine Mutter mit 77 Jahren starb, schrieb ich auf ihre Parte: „Ihr Lebensdurst war groß!" Alle, die sie und mich gekannt haben, verstanden, was ich damit sagen wollte. Viele waren empört. Denn, nicht wahr, über die Toten darf man nur das Beste sagen. Oder man sagt halt nichts. Nun nichts gesagt hatten alle, so weit und so lang ich mich erinnern konnte, zu ihren Lebzeiten. Als ich ein Kind war, haben sie mir erzählt, dass meine Mutter krank sei, wenn ich sie stockbetrunken von irgendwo abholen sollte. Meine Andeutung auf der Parte konterkarierte ihr jahrzehntelanges Schweigen und So-Tun, als wäre alles in Ordnung. Mir hat es gutgetan, das, was in der Familie und darüber hinaus immer tabu war, auf diese Weise auszudrücken.

Daran musste ich denken, als eine Frau mit ihren beiden halbwüchsigen Kindern zum Trauergespräch ins Pfarramt kam. Der Mann war die Treppe hinuntergefallen und hatte sich dabei tödlich verletzt. „Wie konnte das passieren?", fragte ich. Die Frau drucke herum. Schließlich sagte sie: „Er war nicht ganz nüchtern." Die Art und Weise, wie sie das sagte, triggerte bei mir Erinnerungen an. Und so sprach ich sie darauf an, dass ihr Mann wohl öfter nicht ganz nüchtern gewesen sei. Die Kinder atmeten auf. Die Frau nickte. Und als ich sagte, dass es wohl nicht einfach mit ihm gewesen sein könnte, wenn er nicht ganz nüchtern war, brachen die Dämme. Eine lange Leidensgeschichte mit dem alkoholkranken Ehemann und Vater erzählten sie. Ich vermute, es war in dieser Ausführlichkeit das erste Mal. Bei der Beerdigung sagte ich dann während meiner Ansprache auch, dass es nicht immer leicht gewesen ist mit ihm. Und dass er es wohl nicht immer leicht gehabt hat mit sich selbst. Ein leises, kaum merkliches Nicken ging durch die Gruppe der Anwesenden. Mehr hat es nicht gebraucht. Aber weniger wohl auch nicht.

Im privaten Kontext kann man noch freier entscheiden, wie man den Angehörigen gegenüber zu erkennen gibt, dass man auch von den dunklen Geschichten zumindest eine Ahnung hat. Und dass die Erleichterung, weil das alles nun ein Ende hat, nachvollziehbar und völlig okay ist. Da finden dann befreundete Mitmenschen wohl einfühlsame Möglichkeiten, den Trauernden Raum zu geben, so dass es für alle gut ist. Denn nicht jeder Abschied ist nur schwer und tragisch. In manchen Fällen können die Angehörigen endlich aufatmen, auch wenn die Wehmut bleibt, dass ein Leben bei den Zurückbleibenden solche Empfindungen wachruft.

Aber es geht ja nicht um die Verstorbenen. Sie sind nun jenseits von Gut und Böse in diesem Leben. Es geht um das Erleben derer, die zurückbleiben. Und die zuweilen mit dem Abgang dieses Menschen auch von einer großen Last befreit werden. Der letzte Liebesdienst derer, die uns das Leben schwer gemacht haben, besteht darin, dass sie die ganzen traurigen und mühsamen Geschichten mitnehmen. Ja, es ist gewesen. Aber ja, es ist vorbei.

HILFREICHE UND WENIGER HILFREICHE AUSSAGEN

Beginnen wir mit der Religion.

Kurz nach dem Tod meines Mannes, ich studierte damals noch Theologie, kam der Pfarrer meiner Gemeinde zu mir nach Hause. Erst redeten wir ein wenig über dies und das. Dann holte er ein kleines schwarzes Büchlein aus seiner Aktentasche, schlug es auf und sprach: „Lasset uns beten!" Ich antwortete: „Nein, danke!", stand auf und begleitete ihn zum Ausgang.

Ich selbst habe damals meinen Glauben nicht verloren. Meine Wut auf Gott war jedoch enorm. Und ich habe jahrelang das Gerede vom „lieben Gott" nur schlecht ertragen. Und ertrage es bis heute nicht. Freilich habe ich mich in dieser Zeit auch begleitet und behütet erlebt. Eine Mischung aus allerhand widersprüchlichen Empfindungen und Erleben ist in dieser Situation ganz normal.

Immer wieder erlebe ich bei Trauerfeiern, dass Menschen, die gebeten werden, einen Erinnerungsbeitrag zu machen, diesen mit religiösen Wendungen und leider auch Floskeln beenden. So, als gäbe es den Zwang, anlässlich einer Beerdigung etwas Frommes zu sagen. Egal, ob man das selbst nun glaubt oder nicht.

Eine in ihrem Glauben und ihrer Kirche gut verwurzelte Frau hat mir einmal geschrieben, dass sie es nicht schafft, eine frisch Verwitwete von der Tatsache zu überzeugen, dass ihr Mann, sie selbst und die Kinder in Gottes Liebe geborgen sind. Die trauernde Hinterbliebene hatte bis dahin keinerlei Nähe zu einer Religion. Nun, mich wundert das nicht, dass solche gut gemeinten Versuche fehlschlagen. Denn eine Lebenskatastrophe fördert das Vertrauen in Gott wohl nicht, sondern stellt den Glauben, wenn es ihn denn gibt, auf eine harte Belastungsprobe. Ich habe der Gut-Meinenden geantwortet, dass sie alle Versuche unterlassen soll. Sie wären nicht hilfreich, sondern es ist eine zusätzliche Belastung, wenn man sich nun auch noch gegen Missionsversuche wehren muss. Was Menschen, die im Glauben stehen, tun können, liegt auf der Hand: Ich kann jederzeit die Betroffenen mit meinen Gebeten vor Gott bringen und in Gottes Hand legen. Das hat auch die Wirkung, dass ich selbst vielleicht klarer sehe, was in dieser Situation meine Aufgabe, mein Auftrag ist. Und was nicht. Von diesen Gebeten sage ich aber den Trauernden nichts. Denn auch das kann Menschen, denen diese Art der Spiritualität fremd ist, irritieren. Und Irritation ist das Letzte, was sie jetzt brauchen.

Wenn ein Mensch gestorben ist, kommen oft religiöse Stehsätze und Bilder zum Einsatz, die sonst im Leben der Menschen nicht vorkommen. Das ist einerseits gut, denn wenn das Leben schwer wird und alle Energie in die Bewältigung des täglichen Überlebens geht, ist für neue und kreative Zugänge zu einem schwierigen Thema, wie es der Tod eines Menschen ist, weder Zeit noch Kraft. Das ist das eine. Dazu kommt, dass wir Glaubenshoffnungen, die über den Tod hinaus gehen, nur in Bildern ausdrücken können. Es lohnt sich aber, diese Bilder einmal in aller Ruhe, wenn sie gerade nicht akut gebraucht werden, auf ihre Aussage und Wirkung abzuklopfen.

Hier nun einige Vorstellungen und Aussagen:

Ich beginne mit einer eher ungewöhnlichen, die ich mir jedoch für mich selbst, wenn ich gestorben bin, wünsche: Menschen, von denen bekannt ist, dass sie gut in ihrem christlichen Glauben zu Hause waren, welcher Natur der auch gewesen sein mag, kann man hinterherrufen: Ich wünsche dir eine fröhliche Auferstehung. Dieser Satz wurzelt in dem Bild, das Jesus für das Reich Gottes verwendet. Dort spricht er von einem großen Fest oder Gastmahl oder auch einer Hochzeit, zu der alle geladen sind. Dass es dort fröhlich zugeht, ist keine Frage. Eine langjährige Freundin spricht mit mir gerne über unsere gemeinsamen Glaubensvorstellung. Wir sind uns häufig nicht einig, welche Bilder nun passen. Zum Abschluss unserer Diskussion sagt sie dann: „Beim großen Fest werden wir es wissen." Dem habe ich dann nichts hinzuzufügen.

Beliebt ist auch die Rede, dass wir unsere Lieben wiedersehen. Dass das verstorbene Familienmitglied oder die längst verblichene Bekannte schon auf uns wartet. Diese Vorstellung hat für mich einen Schönheitsfehler: Wenn ich davon ausgehe, meine Lieben im Jenseits wieder zu sehen, muss ich auch damit rechnen, dort auch die Nichtlieben zu treffen, die mir jahrelang das Leben schwer gemacht haben und auf die Nerven gegangen sind. Nachdem es aber auch genug Menschen gibt, die ähnliches von mir sagen werden, bleibe ich dabei, dass diese Spekulation mir keinen Trost bietet und, die Bemerkung sei der Theologin erlaubt, auch nicht biblisch begründbar ist.

Manche verwenden gern das Bild vom Stern, zu dem der oder die am Himmel geworden ist. Ich selbst kann damit nichts anfangen. Die unendliche Weite des Weltalls, von der alle, die eine noch so rudimentäre Schulbildung genossen haben, ausgehen müssen, erscheint mir wenig heimelig als Aufenthaltsort für die Ewigkeit.

„Sie ist nun ein Engel" klingt religiös. Ist es aber nicht. Keine der mir bekannten Religionen erzählt von der Transformation nach dem Tod in Engelwesen. Bibelkundigen mag nun eine kleine Episode, die in den drei ersten Evangelien erzählt wird, einfallen. Hier scheint Jesus auf den ersten Blick den Verstorbenen doch den Status eines Engels zuzusprechen. Jesus spricht dann davon, dass sie „den Engeln gleich" sind (z. B. im Evangelium nach Lukas 20,36). Beim näheren Hinsehen geht es jedoch nicht um die Frage, was aus den Verstorbenen für Wesen werden, sondern um ein absurdes Fallbeispiel, mit dem die theologischen Gegner Jesu seine Rede von der Auferstehung der Toten ad absurdum führen wollen. Für mich kommt bei der Rede von der Transformation in einen Engel dann noch die Erinnerung an den Komiker und Satiriker Karl Valentin dazu, der in einem seiner Programme so einen Engel auf einer Wolke sitzend höchst ärgerlich Halleluja hat singen lassen. Dieses Halleluja hat sich mehr nach einer bayerischen Schimpferei angehört als nach einem Lobpreis Gottes, wenn er geknurrt hat: „Luja, sog i!"

Ganz und gar nicht geht die so fromm klingende Behauptung, dass „es Gottes Wille war", dem wir uns zu fügen haben, dass dieser Mensch bei einem Autounfall, an Krebs oder bei einem Lawinenabgang gestorben ist.

Der Pfarrer und Dichter Kurt Marti hat dazu ein treffendes Gedicht geschrieben:

dem herrn unserm gott
hat es ganz und gar nicht gefallen
dass gustav e. lips
durch einen verkehrsunfall starb

erstens war er zu jung
zweites seiner frau ein zärtlicher mann
drittens zwei kindern ein lustiger vater
viertens den freunden ein guter freund
fünftens erfüllt von vielen ideen

was soll jetzt ohne ihn werden?
was ist seine frau ohne ihn?
wer spielt mit den kindern?
wer ersetzt einen freund?
wer hat die neuen ideen?

dem herrn unserm gott
hat es gar nicht gefallen
dass einige von euch dachten
es habe ihm solches gefallen

im namen dessen der tote erweckte
im namen des toten der auferstand:
wir protestieren gegen den tod
von gustav e. lips

Es kann aber natürlich auch ohne Religion daneben gehen. Gerne verkünden Firmen, dass ihr verstorbener Chef, die Chefin, der Kollege, die Betriebsrätin oder wer auch immer „unvergessen" sein wird. Oder dass ihr Andenken „immerwährend" bestehen bleibt. Leider stimmt das nicht, wie jeder Mensch nach kurzem Nachdenken bestätigen wird. Denn spätestens ab dem Moment, wo alle, die die lieben Verstorbenen gekannt haben, also diese Sich-der-Erinnerung-Hingebenden, selbst sterben, ist es auch aus mit dem Erinnern an die geschätzte Chefin. Ich selbst werde im besten Fall noch von meinen Urenkeln, sollte ich je welche haben, erinnert. Deren Kinder werden von mir schon nichts mehr wissen. Sie werden daher auch keinen Grund haben, sich an mich zu erinnern. So, wie meine Enkelkinder sich nicht an meinen früh verstorbenen Vater, ihren Großvater erinnern. Sie wissen nicht einmal seinen Namen.

Wenige Tage nach dem Erdbeben in der Türkei und in Syrien im Februar 2023 hat eine Nachrichtensprecherin, nachdem sie von zigtausenden Toten berichtete, für mein Empfinden unpassend bemerkt: „Das Leben muss weitergehen." Ich hatte den Eindruck, dass ihr dieser Spruch unreflektiert entkommen ist. Da stand sie mitten im Elend einer Katastrophe, bei der kaum jemand die Zahl der Toten emotional nachvollziehen kann. Mein Eindruck war, dass sie sich selbst aus dieser unerträglichen Atmosphäre mitten unter Leichen und eingestürzten Häusern ein Stück Distanz verschaffen musste. Nun hat sie das ins Mikrophon und in die Kamera gesagt. Zu mir also und zu denen, die so wie ich, die Nachrichtensendung angesehen haben. Wir waren nicht unmittelbar betroffen.

Aber wenn man das einer Frau sagt, deren Mann vor wenigen Tagen bei einem Unfall ums Leben gekommen ist, dann klingt das noch viel härter und distanzierter als bei dieser Nachrichtensendung. Ja, das Leben geht weiter. Aber es ist ein anderes Leben, ein fremdes, das zumindest zu Beginn nicht freundlich und nicht lebenswert erscheint. Und auch wenn Anna ihren Beitrag im letzten Kapitel überschrieben hat mit „Das Leben geht weiter", empfiehlt es sich für Außenstehende nicht, diesen Satz als vermeintlichen Trost zu verwenden. Denn ja, das Leben geht weiter. Aber es verläuft ab nun in eine ganz andere, ganz neue Richtung. Wie sehr alle Vorstellungen und Pläne für das eigene Leben durch den Tod beendet wurden, erzählt Anna beispielhaft.

„Du musst jetzt stark sein für die Kinder", habe ich selbst auch gehört. Wie aber kann man stark sein, wenn einem gerade der Boden unter den Füßen abhandengekommen ist? Wie kann man stark sein, wenn jeder Tag in der Früh sich auftürmt wie ein unendlich hoher Berg, den man nie und nimmer bezwingen kann? Wie kann man stark sein für jemand anderen, wenn man nicht einmal genug Kraft für sich selbst hat, zum Essen, zum Haare waschen, zum Zähne putzen. Und der Zwang zu etwas, was mir gar nicht zur Verfügung steht, dieses „Müssen", diese Erwartung der anderen, die dich mit kritischen Augen belauern, ob du eh noch funktionierst, macht die Sache nicht besser.

Warum ist es so schwer auszuhalten, jemanden schwach und ganz und gar am Boden zu sehen? Mir scheint, dass da allerhand Ängste lauern, die sich zu Wort melden, in so einer Situation. Ängste, dass man selbst eines Tages die Kraft für das Allernötigste nicht mehr aufbringt. Und was dann? „Ich kann mir gar nicht vorstellen, wie ich weitermachen könnte, wenn diese Person so plötzlich nicht mehr da ist." Dieser Satz, zu sich selbst gesagt, wird einem Verständnis für die Schwachheit und Bedürftigkeit dieses Menschen in seiner Trauer Platz machen.

Was also kann man Hilfreiches sagen?

Ich denke, dass vor allem darum geht, selbst eher wenig zu sagen und die Trauernden zu Wort kommen zu lassen. In der Vorbereitung auf die Bestattung habe ich gern gefragt, wie man einander kennengelernt hat. Diese Erinnerung hat oft ein Lächeln hervorgerufen, das zuweilen auch von Tränen begleitet war. Als Freundin kann man fragen, welche Erinnerung an den oder die Verstorbene jetzt am kostbarsten ist. Welche gemeinsame Erlebnisse besonders prägend waren. Aber auch, was das lustigste oder schrägste Erlebnis mit ihm oder ihr gewesen ist. Was hat er Verrücktes gemacht? Wenn solche Geschichten aus der Erinnerung auftauchen, kann es mitten in der Trauer auch fröhliche Momente geben.

Also nicht wir als Begleitende haben das Wort, sondern wir geben Raum für Gedanken, Erzählungen, Erinnerungen. Für Weinen und Lachen.

SYMBOLISCHE HANDLUNGEN

Im Angesicht des Todes fehlen häufig einfach die Worte. Für manche Situationen gibt es wohl auch keine angemessene Rede, die die Tiefe der Empfindungen stimmig ausdrückt. Menschen greifen dann instinktiv auf andere Ausdrucksmöglichkeiten zurück: ein fester Händedruck, eine warme Umarmung, ein Taschentuch reichen …

Manche Symbol-Handlungen haben sich über die Jahrhunderte eingebürgert und sind selbsterklärend. Bei anderen ist die Bedeutung vielleicht nicht mehr so klar. Auch Symbole und Rituale haben eine Lebenszeit und ein Ablaufdatum. Dafür entstehen neue. Aber auch diese müssen sich die Frage gefallen lassen, ob sie für das, was sie ausdrücken sollen, geeignet sind.

Immer wieder höre ich Menschen sagen, dass sie es gar nicht gut finden, wenn man Erde ins Grab wirft. Das klinge so merkwürdig, morbid und hohl, wenn sie direkt auf den Sarg fällt. Blumen seien doch viel schöner. In Wien ist es dazu noch üblich, dem Totengräber, der die kleine Schaufel mit der Erde reicht, im Gegenzug eine Münze in die Hand oder in die Tasche seines grauen Arbeitskittels zu legen.

Warum also werfen die Anwesenden mit der kleinen Schaufel Erde ins Grab? Hier die Antwort: Früher haben Männer aus dem Lebensumfeld, Nachbarn, Freunde und Verwandte, für den oder die Verstorbene das Grab ausgehoben und am Ende der Feier wieder zugeschaufelt. Ich selbst habe das noch vor wenigen Jahren bei einer Beerdigung in Siebenbürgen (Rumänien) erlebt. Wir im westlichen Europa machen das heute nicht mehr. Das bisschen Erde, das wir ins Grab werfen, deutet an, dass wir diesen Menschen nun mitbegraben. Auch wenn die Hauptarbeit die Totengräber leisten. Und warum bekommt der Mann, der die Schaufel mit der Erde reicht, eine Münze in die Hand? Dass es da auch noch um Geld geht, finden viele pietätslos. Es hängt aber mit dem oben Erzählten zusammen. Es ist der Ausdruck des Dankes, dass er – und seine Kollegen – die Hauptarbeit leisten.

Freilich, dieser Erdwurf bringt die unausweichliche Realität viel härter ins Bewusstsein als eine Blume, die man ins Grab wirft. In den letzten Jahren werden auch Blütenblätter immer häufiger in einem Korb angeboten. Dann nimmt man eine Handvoll und lässt sie lautlos ins Grab segeln. Nur lässt sich der Tod und dessen Härte weder behübschen noch verblümen. Die Blumen gehen noch schneller als der Mensch im Sarg den Weg der Verwesung.

Eine Kerze zu entzünden ist eine symbolische Handlung, die weit verbreitet ist. Ursprünglich hat das Licht der Kerze auf Christus hingewiesen, der nach dem Johannesevangelium 8,12 von sich selbst als „Licht der Welt" gesprochen hat. Vor allem zu den katholischen Festen Allerheiligen und Allerseelen sowie am evangelischen Ewigkeitssonntag werden zum Gedenken an die Verstorbenen Kerzen angezündet. Heute entzünden auch Menschen, die keinen Bezug zum christlichen Glauben haben, als Zeichen der Verbundenheit eine Kerze. In den Kirchen können diese auch unbehelligt und sicher abbrennen. Anders ist es bei anderen Gedenkfeiern. Da kann es schon passieren, dass am Ende jemand hergeht und genussvoll oder sogar hektisch – „Schnell, schnell zusammenräumen und nach Hause gehen!" – alle Kerzen, die eben erst zum Gedenken entzündet worden sind, vor der versammelten Belegschaft ausbläst. Damit wird das Symbol in sein Gegenteil verkehrt.

Weniger bekannt ist der jüdische Brauch, beim Besuch des Grabes nicht Blumen oder Kerzen mitzubringen, sondern einen Kieselstein. Der wird zum Zeichen, dass ich hier war, auf die Grabplatte oder den Grabstein gelegt. Ewig bleiben die Steine nun dort liegen. Viel länger als jeder Kranz, jeder Blumenstrauß. Es ist ein sichtbares Zeichen für alle, die vorübergehen, dass dieser Mensch erinnert wird. Falls, ja, falls nicht Besucher eines anderen Grabes sich bedienten, weil sie vergessen haben, einen Stein mitzubringen. Das soll, so höre ich von meinen jüdischen Freunden und Freundinnen, durchaus vorkommen.

Neuerdings werden auch Luftballons nach der Trauerfeier fliegen gelassen. Ich muss gestehen, dass mir die Aussage dieses Symbols bei einem Todesfall verschlossen bleibt. Ich empfinde den Luftballon als ein Zeichen für Fröhlichkeit und Leichtigkeit. Von beidem kann bei einer Bestattung kaum die Rede sein. Auch als Bild einer möglichen religiösen Vorstellung, dass die Seele zum Himmel steigt, ist der Luftballon ungeeignet. Denn viele von denen, die sich auf die Reise nach oben machen, bleiben am nächsten hohen Baum hängen. Alle zerplatzen irgendwann und fallen dann wie ein Häuflein Elend auf die Erde.

Der katholische Brauch, den Sarg mit Weihwasser zu besprengen, erinnert daran, dass der oder die Verstorbene getauft wurde. Damals vor Jahrzehnten hat dieser Mensch schon als Baby bei der Taufe die Zusage erhalten, dereinst von

Gott aus dem Tod in ein neues Leben gerettet zu werden.

Die nächsten Angehörigen sind häufig so mit ihrem Schmerz befasst, dass sie gar nicht wahrnehmen und würdigen, wer aller sie an diesem schweren Tag begleitet hat. Später kann man dann im Kondolenzbuch blättern, dankbar den einen oder anderen Namen entdecken: „Wie schön, auch die sind gekommen." Die persönlichen Beiträge, die guttun, immer wieder einmal zu lesen, gibt das Gefühl, in dieser Zeit von vielen mitgetragen zu werden.

MUSIK BEI DER TRAUERFEIER

Zu einer Beerdigung gehört Musik. Sei es nun, dass die dörfliche Blasmusikkapelle getragen spielt „Ich hatt' einen Kameraden". Sei es, dass die Hinterbliebenen einen USB-Stick mitbringen, auf den sie die Lieder für die Trauerfeier zusammenkopiert haben. In Wien kann man auch Orgelmusik live oder einen kleinen Männerchor engagieren und aus dessen Repertoire die Stücke wählen. Sehr beliebt ist der Gefangenenchor aus Giuseppe Verdis Oper Nabukko. Was er anlässlich des Todes eines Menschen für einen getrösteten Abschied beizutragen hat, ist mir trotz der unzähligen Male, die ich ihn bei diesem Anlass gehört habe, verborgen geblieben.

Grundsätzlich passt jede Musik, die für die Angehörigen die Situation erträglicher macht. Aber es ist sinnvoll, sich im Vorfeld Gedenken zu machen, welche Gefühle dadurch ausgelöst werden könnten. Nicht immer ist es hilfreich, die Lieblingslieder der Verstorbenen zu spielen. Wenn es sich dabei um fetzige Rhythmen und freche Texte handelt, passen sie einfach nicht zur Situation, wo Traurigkeit und Abschied das Wort haben. Ich kann mir jedoch vorstellen, dass sehr wohl eines dieser Lieder Grundlage für die Gedanken über den oder die Verstorbene sein können, nachdem es gespielt wurde. Aber eines genügt dann wahrscheinlich.

Vor Jahren leitete ich die Trauerfeier für die Mutter einer Freundin. Sie und ihre Geschwister bestanden darauf, die Lieblingsmusik der Mutter zu spielen. Es handelte sich um einen hochdramatischen Satz aus einer Wagner-Oper. Endlos lang war es und verbreitete eine so düstere Stimmung, dass wir alle gemeinsam tief hinuntergezogen wurden. Ich hatte bei der Vorbereitung davon abgeraten, weil ich die Wirkung befürchtet hatte. Mehrere liefen schluchzend hinaus. Alle anderen waren wie erstarrt. Die Dame war hochbetagt in ihrem Bett eingeschlafen. Diese Musik hat die Trauer zum unerträglichen Drama gemacht.

Vor kurzem wurde ich gebeten, die Beerdigung eines Angehörigen eines renommierten Orchesters zu gestalten. Völlig unerwartet hatte sein Herz bei einer Bergtour zu schlagen aufgehört. Ich kannte ihn persönlich. Viele seiner Freunde und Kollegen wollten bei seiner Beerdigung dabei sein mit ihrer Musik. Gut zwanzig Leute waren das. Wir planten den musikalischen Ablauf genau, um auch die Stimmung während der Feier gut aufzunehmen und zu begleiten. Getragen begann es. Das letzte Stück hatte einen hoffnungsvollen Ton. Die Witwe und ihr Sohn im Teenageralter konnten sich von der Musik durch diese schwierige Situation tragen lassen.

DER SOGENANNTE LEICHENSCHMAUS

Leichenschmaus sagte man früher zu dem gemeinsamen Essen nach einer Bestattung. Manchen erscheint der schnelle Umstieg von einer schweren und traurigen Situation zu einem gemeinsamen Essen pietätlos oder zumindest unangemessen. Denn wenn dann noch das eine oder andere Gläschen Bier oder Wein am Tisch steht, kann es schon sein, dass eine gewisse Fröhlichkeit sich ausbreitet.

Ich selbst war oft nach einer Bestattung zum gemeinsamen Essen eingeladen. Am stimmigsten habe ich so ein Zusammensein empfunden, wenn in der Runde Geschichten rund um die Verstorbenen erzählt wurden. Da waren auch komische Episoden dabei. Das Lachen darüber war befreiend und ungezwungen. Was gibt es nicht alles über sie, über ihn zu erzählen! Da hat sich wohl auch Dankbarkeit eingestellt, dass wir miteinander ein Stück Leben geteilt haben. Auch wenn das nie ausgesprochen wurde. Nach meiner Wahrnehmung war das auch für die engsten Hinterbliebenen hilfreich, da sie nicht auf ihre Rolle der Trauernden festgelegt wurden. Auch mitten in der dunkelsten Trauer gibt es Momente des Lichtes und des Lächelns.

Lähmend und beklemmend habe ich hingegen solche Zusammenkünfte empfunden, wo alle Anwesenden krampfhaft vermieden haben, den Namen der eben Verabschiedeten oder irgendwelche Themen aus deren Umfeld anklingen zu lassen. Da wurde dann über alles geredet, was in der Situation unbedeutend, ja sogar banal war. Mit versteinerter Miene ließen die Angehörigen diese Pflichtübung der Bewirtung über sich ergehen. Ich selbst habe mich dann bald verabschiedet. Ich hatte ja als Pfarrerin die Freiheit, mich zurückzuziehen, was den Angehörigen so nicht möglich war.

Einmal habe ich bei einer Familie aus Ex-Jugoslawien einen wunderschönen Brauch kennen gelernt, den ich bis dahin nicht gekannt habe. Die Familie hatte drei Buben. Dann endlich kam Manuela, die lang ersehnte und heiß geliebte Tochter. Mit knapp sechs Monaten starb sie den plötzlichen Kindstod. Da die Familie zu arm war, ein Bestattungsunternehmen zu zahlen, gab es für das kleine Mädchen um 8 Uhr in der Früh ein Armenbegräbnis am Wiener Zentralfriedhof. Familie Malić, ich nenne sie jetzt so, lud die Freunde und die Großfamilie und auch mich danach zum Essen ein. Nicht in ein Gasthaus, das hätten sie sich nicht leisten können, sondern zu sich nach Hause.

Als wir ankamen, war alles vorbereitet. Ein großer Topf mit einem Eintopfgericht stand auf dem Herd. Der Tisch war gedeckt. Wir nahmen Platz. Rückten eng zusammen. Als alle saßen, bemerkte ich, dass ein Gedeck zu viel da war. Ich fragte, wer denn noch kommen solle. Offenbar war ich die Einzige, die sich wunderte. „Das ist Manuelas Platz", war die Antwort.

Inzwischen habe ich dieses Zeichen der Verbundenheit auch bei anderen Hinterbliebenen erlebt. Vor kurzem starb die Frau eines Freundes. Eine Woche nach ihrem Tod schickte er mir ein Foto vom gedeckten Frühstückstisch: Beide gewohnten Plätze waren liebevoll gerichtet. Eine Kerze brannte am Platz seiner Frau. Neben ihrem Teller stand eine wunderbar blühende Orchidee. Ich bedankte mich für das Foto und antwortete, dass seine Frau wohl für ihn dasselbe getan hätte.

IN DIESER ZEIT DEN BETROFFENEN BEISTEHEN

In der Zeit zwischen der Todesnachricht und der Bestattung befinden sich die nächsten Angehörigen in einer extremen Ausnahmesituation (Stationen auf dem Weg der Trauer finden Sie im folgenden Kapitel). Viele beschreiben den Zustand, als wären sie in unglaublich dichtes Isoliermaterial verpackt. Nichts dringt von außen wirklich hinein zu ihnen in diesen Kokon. Auch in ihnen fühlt sich alles gedämpft und abgeschirmt an. Sie fühlen weder Trauer noch Schmerz, weder Angst noch Freude. Roboterartig funktionieren sie. Es gibt ja so viel zu erledigen. Behörden, Dienstgeber, Versicherungen müssen verständigt werden und eine der etlichen Kopien der Sterbeurkunde erhalten. Die Bestattung muss bestellt werden. Da gibt es jede Menge Entscheidungen. Soll es eine Beerdigung sein oder eine Feuerbestattung? Der Sarg, die Blumen, die Musik müssen ausgesucht werden. Die Todesanzeige, in Österreich Partezettel genannt, muss getextet, layoutiert, kuvertiert und versandt werden. Oder verschickt man sie einfacher per E-Mail?

Da gibt es vielleicht Kinder, die nach wie vor bekocht werden müssen. Auch die Wäsche muss weiter gewaschen werden. Vielleicht ist da ein betagter Elternteil, der wie bisher weiter betreut gehört. Das Haustier, der Garten oder die Zimmerpflanzen brauchen wie immer zumindest ein Minimum an Zuwendung und Pflege. Und wer auch immer von einem schweren Verlust eines Lebensmenschen betroffen ist, muss essen und trinken, selbst wenn er oder sie weder Appetit noch Hunger verspürt.

Hier kommen nun die ins Spiel, die gerne helfen und unterstützen wollen. Hoffentlich wundern sie sich nicht über die kühle Entschlossenheit und die fehlenden Tränen. Hoffentlich ziehen sie keine Schlüsse daraus, sondern akzeptieren diese besondere Situation und die Reaktion darauf. Menschen, die eine Todesnachricht trifft, weinen in der Regel nicht, obwohl das in Filmen meist so dargestellt wird. Auch der emotionale Ausbruch bleibt zunächst aus. Es gibt eine Menge Möglichkeiten, ganz praktisch zu helfen und in dieser Situation unterstützend da zu sein. Da braucht es nicht viele Worte, wenn es darum geht, die Todesanzeigen zu falten und zu kuvertieren. Hilfreich ist es auch, zum Termin beim Bestattungsinstitut und anderen Institutionen mitzugehen. Dabei muss man dort dann selbst gar nicht viel sagen. Allein die Anwesenheit einer weiteren Person, die nicht unmittelbar betroffen ist, kann allerhand unerwünschte Ergebnisse verhindern.

Eine gut achtzigjährige Frau kam zur Vorbereitung der Beerdigung ihres Ehemannes zu mir. Wir planten und besprachen ihre Wünsche. Dann erzählte sie mir, dass sie allein beim Bestattungsunternehmen gewesen sei und die hätten ihr von allen möglichen Dienstleistungen immer die allerteuersten eingeredet. Sie hätte sich nicht getraut, irgendetwas davon abzulehnen, denn der Verkäufer, ich nenne ihn bewusst so, hätte ihr das Gefühl vermittelt, dass sie nur mit dem Besten und Teuersten ihre Liebe und ihren Schmerz glaubhaft machen könne. Auch ein Bestattungsinstitut ist ein Wirtschaftsunternehmen und auf Gewinnmaximierung ausgerichtet. Ich war wütend. Denn die Dame hatte nur eine kleine Pension. Ich fragte, ob wir das gemeinsam rückgängig machen sollen. Sie stimmte erleichtert zu. Zusammen gingen wir in die Filiale des Unternehmens, die nahe bei der Kirche lag. Diesmal saß die Witwe nur dabei und ich redete. Alle Bestellungen wurden storniert. Die Beerdigung wurde auf ein vertretbares finanzielles Niveau gebracht, das sich die Frau leisten konnte.

Auch andere Wege zu begleiten kann hilfreich sein. Und wieder geht es nur darum, dass da noch jemand mit dabei ist. Die ganzen praktischen Aufgaben im Haushalt, in der Küche, mit den Kindern oder eventuell auch mit betagten Eltern können zumindest ab und zu übernommen werden.

Die wichtigste Sache aber ist, dass der Mensch in seiner Ausnahmesituation gefragt wird: „Möchtest du, dass ich mitkomme?", „Soll ich die Kinder vom Kindergarten abholen?", „Ich könnte, wenn du magst, für deine Mama einkaufen gehen." … Denn auch wenn Kopf und Körper auf Autopilot geschaltet haben, ist es immer noch und jedes Mal wieder die Entscheidung der Betroffenen, welches Hilfsangebot sie annehmen wollen und welches nicht. Ein sinnvolles Helfen nimmt das Gegenüber als ebenbürtig wahr und entmündigt nicht, wie Markus Fellinger in seinem Buch „Hilfreich helfen" feststellt.

Aber vielleicht ist das alles gar nicht möglich und gar nicht nötig. Vielleicht braucht der Mensch jetzt vor allem jemanden an seiner Seite. Ohne viele Worte. Vielleicht mit einer Packung Taschentücher und Zeit und Ruhe. Einfach da sein, nichts verändern und verbessern zu wollen, weil es nichts zu verändern und zu verbessern gibt. Das ist viel schwerer als alle Tätigkeiten, die auch hilfreich sein können. Der Freiraum, der entsteht, wenn ein Mensch sich einfach seinem Schmerz hingeben darf und dabei nicht allein ist, ist heilsam. Freilich darf es dann auch keine Ratschläge, Anweisungen, Anleitungen oder sonstigen Appelle geben. Einen Tee kochen und die Taschentücher bereithalten, mehr Aktion ist nicht nötig. Sonja bringt es auf den Punkt:

„Wie überlebe ich die folgende Zeit? Jeden Tag kommt eine meiner Freundinnen zu mir und ist einfach da. Spricht mit mir, weint mit mir, hört mir zu, bringt etwas zu essen mit, bringt Blumen, sitzt mit mir auf der Terrasse und erträgt meinen unfassbaren Schmerz. Freundinnen und Freunde meiner verstorbenen Tochter kommen oder rufen mich an oder schreiben mir."

III.

AUF DEM WEG DER TRAUER

WER TRAUERT, IST NICHT KRANK

Umgangssprachlich heißt es, dass die Witwe von Hans halt gar so depressiv ist. Aber Depression ist eine Krankheit. Trauer ist es nicht. Wer trauert „funktioniert" nicht so gut, wie Menschen, die fröhlich und mit einem Lied auf den Lippen den Tag beginnen. Denn die Traurigkeit macht den Körper schwer und die Gedanken langsam. Trauer verscheucht den Schlaf, reduziert die Konzentrationsfähigkeit und die körperliche Leistungsfähigkeit. Dennoch sind Trauernde nicht krank. Sie vollbringen gerade körperliche und emotionale Schwerarbeit. Und so steht ihnen für andere Tätigkeiten nur ein Bruchteil der gewohnten Energie zur Verfügung.

Das pharmazeutische „Wundermittel" heißt Valium. Valium reguliert die Erregungsfähigkeit der Nervenzellen. Das lindert Angst und Anspannung und sorgt für eine emotionale Beruhigung, sagt der Netzdoktor. Um die Trauerfeier gelassen und mit Haltung überstehen zu können, nehmen nach meiner Wahrnehmung viele Angehörige dieses Mittel. Lobend stellen anschließend die nicht so Betroffenen und Adabeis fest: „Sie hat gar nicht geweint. Bewundernswert, ihre Haltung." Oder: „Er trägt es wie ein Mann."

Ich frage mich, warum Trauernde sich schämen sollten, wenn sie weinen. Und warum es offenbar die Erwartung gibt, dass sie „Haltung bewahren". Mir selbst kommen bei Beerdigungen, die mir nahe gehen, oder wenn ich den oder die Verstorbene persönlich gekannt habe, ganz sicher an irgendeiner Stelle die Tränen. Das zwingt mich, im Verlauf der Trauerfeier kurz innezuhalten, die Gefühlswelle ausrollen zu lassen, ein paar Mal tief zu atmen, bevor ich mit der Predigt, dem Gebet oder was gerade dran ist, fortfahren kann. Ich schäme mich nicht dafür und habe auch noch nie erlebt, dass irgendjemand das unpassend gefunden hätte. Warum soll ich nicht auch traurig sein, wenn ich für die Familie eines Freundes oder einer Freundin den Abschied gestalte? Warum soll ich nicht mitfühlen, wenn ich für ein Kind von mir fremden Eltern die Trauerfeier leite? Nicht nur mir, sondern auch Besucherinnen und Besuchern kommen möglicherweise währenddessen die Tränen.

Als mein Mann starb, war ich, wie schon erwähnt, gerade 27 Jahre alt. Mich hat jahrelang der Anblick von alten Ehepaaren, die Hand in Hand gingen oder vielmehr humpelten und hatschten, augenblicklich in Tränen ausbrechen lassen. Nie werde ich mit ihm alt werden, war der Gedanke.

Irgendwann haben aber manche Menschen keine Lust mehr, ihre Zeit mit jemandem zu verbringen, dessen Stimmung schwankt und nicht vorhersehbar ist. Und wenn mitten im fröhlichen Partytreiben jemand im Eck sitzt und sich die Tränen aus den Augen wischt, ist das für manche Gastgeber ein Grund, diese Person beim nächsten Mal nicht mehr einzuladen. Auch Stimmungsschwankungen gehören einfach dazu und sind kein Zeichen für eine psychische Erkrankung.

Wer trauert, versinkt auch nicht in Selbstmitleid, wie das vor Jahren ein längst verstorbener Kollege gemeint hat. Er kritisierte, dass es den Trauernden gar nicht um das Schicksal des Verblichenen gehe, sondern nur um sich selbst. Auch wenn ich um den leeren Platz in meinem Bett und an meinem Tisch weine, um den Gefährten und die Gefährtin meines Alltages, ist das nicht Selbstmitleid. Denn mir fehlt er. Mir fehlt sie. Darum sind Appelle, sich zusammenzureißen nicht nur herzlos, sondern auch zwecklos. Die Verstorbenen spüren das alles nicht mehr. Auch wenn ihnen am Ende des Lebens der Abschied schwergefallen sein mag. Vielleicht haben sie aber auch mit einem Seufzer der Erleichterung zuletzt dieses Leben losgelassen. Wer weiß das schon. Es geht also um die Hinterbliebenen, nicht um die Verstorbenen in der Zeit nach der Bestattung. Wenn jemand sich seiner Trauer, die nun doch schon so lange andauert, schämt, sage ich gern: „Wäre das nicht seltsam, wenn du nicht traurig wärst, dass er bzw. sie nicht mehr da ist? Was würde das über eure Beziehung sagen?"

AUCH DER KÖRPER TRAUERT

Unbestritten wird Trauer als seelisches Leid wahrgenommen. Die körperliche Dimension ist dagegen weniger deutlich im Blick. Darum soll der Körper hier besondere Aufmerksamkeit bekommen.

Als mein Mann und der Vater meiner Kinder verstarb, war ich eine junge, sportliche, fitte Frau. Ab dem Moment, als die Botschaft „Er kommt nicht mehr zurück" bei mir gesickert ist, hat sich mein Körper verwandelt. Ich kann mich erinnern, dass er sich schwer und unbeweglich angefühlt hat. Wir haben damals im fünften Stock gewohnt. Der Aufzug war schon monatelang außer Betrieb. Bis dahin war ich die Stiegen flott hinauf gehüpft. Nun musste ich auf jedem Absatz stehen bleiben, weil mir die Luft ausging. Kinder und Einkäufe hinaufzutragen war eine Schwerarbeit, nach der ich den Rest des Tages erschöpft war. Ich wachte in der Früh auf und war müde. Ich machte zu Mittag gemeinsam mit den Kindern ein Mittagsschläfchen und war danach müde. Bleischwer fühlte sich mein Körper an. Die Leichtigkeit und Frische, die ich bis dahin empfunden hatte, war dahin. Damals dachte ich, so muss es sich anfühlen, wenn man achtzig Jahre alt ist. Ich habe mich geirrt. Heute, wo ich das schreibe, bin ich 74 Jahre alt. Mein Körper fühlt sich nach wie vor leicht an und ich steige die vier Stockwerke zu meiner aktuellen Wohnung ohne Pause hinauf. Damals wusste ich nicht, und niemand hat es mir gesagt, dass es ganz normal ist, dass der Körper auf diese Weise reagiert. Ich fürchtete, krank zu sein, und hatte große Angst, dass die Kinder als Waisen zurückbleiben würden. Inzwischen weiß ich, dass sich Trauer in körperlichen Symptomen, wie Engegefühl in der Brust, Herzrasen, Kurzatmigkeit, Muskelschwäche äußern kann. Auch die große Müdigkeit, Energielosigkeit und die Unfähigkeit, sich auf die anstehenden Aufgaben zu konzentrieren, ist eine ganz normale Reaktion.

Wer trauert, braucht trotz der körperlichen Symptome keinen Arzt, sondern Menschen, die ein Stück dieses Weges mitgehen. Nicht als Wissende, sondern als Lernende. Nicht in der Rolle des Reiseführers, sondern als Mitreisende. Manches wird verständlicher und leichter, wenn man die Landkarte kennt und weiß, durch welche Stationen der Weg führt.

STATIONEN AUF DEM WEG DER TRAUER

Die Forschung beschreibt in der einschlägigen Literatur Trauer als Prozess und benennt Phasen, die Betroffene in diesem Prozess durchlaufen. Es kann der Eindruck entstehen, dass es sich dabei um ein linear ablaufendes Geschehen wie bei technischen Prozessen handelt. Das ist jedoch nicht der Fall. Bezüglich der Zahl der „Phasen" herrscht keine Einigkeit. Vier, fünf oder auch sieben werden genannt.

Ich vermeide im Folgenden bewusst die doch recht technisch klingende Terminologie „Prozess" und „Phasen". Stattdessen verwende ich das Bild des Weges mit verschiedenen Stationen. Es ist mir wichtig, dem Erleben von Trauernden auch sprachlich näher zu kommen. Denn jeder Mensch geht in der Trauer ganz eigene Wege. Die einzelnen Teilstrecken können ganz unterschiedlich lang dauern. Auch die Verweildauer in der einen oder anderen Station ist von unterschiedlicher Dauer. Manchmal geht es auch wieder ein Stück zurück, zu einer Strecke, die schon durchlaufen wurde. Dazu kommt, dass sich Trauer ja nicht nur in der Psyche abspielt, sondern ein ganzheitliches Geschehen ist. Der Körper trauert auch und reagiert auf seine Weise. Mit Schlaflosigkeit, Mattigkeit, Appetitlosigkeit und einer Schwere, die leichtfüßige Bewegungen unmöglich macht, um nur einige zu nennen. Das wird mit dem Bild des Weges deutlich. Denn auf einem Weg bewegt sich ja der Mensch mit seinem Körper und nicht nur im Geiste fort. Dieser Weg ist lang und voller überraschender Wegbiegungen. Trauernde sind nicht immer nur traurig, da gibt es noch viele andere Gefühle und Emotionen. Hinter der einen oder anderen Wegbiegung erwartet die Wandernden auch ein überraschender Moment des Lachens oder der Leichtigkeit. Danach kann aber eine harte Steigung folgen, die große Anstrengung erfordert, sodass der Mensch sich mit sich selbst gar nicht mehr auskennt.

Die Möglichkeiten beizustehen und zu unterstützen ändern sich, je nachdem auf welcher Strecke des Weges sich jemand befindet. In welcher Station jemand gerade verweilt. Wenn der Aufenthalt in einer Station länger dauert, fordert das die Geduld der Begleitenden vielleicht heraus. Dass sie nicht drängen, endlich weiterzugehen.

Wer trauert, ist nicht einfach nur traurig. Trauer ist ein Cocktail von höchst unterschiedlichen Gefühlen, die trauernde Menschen zuweilen völlig überraschend überfallen. Manchmal wechseln die Gefühlszustände rasant. Dann halten sie wieder länger an. Man kann nicht vorhersagen, was das eine oder das andere Gefühl in der nächsten Minute antriggert.

Im Folgenden nun die möglichen Stationen auf dem Weg der Trauer:

Station 1: Nichts spüren. Die Tragweite nicht wahrnehmen können

Die denkbar beste und die denkbar schlechteste Nachricht können bei den Empfangenden ähnliche Reaktion auslösen: Nicht begreifen. Nicht wahrhaben können. Man hört die Botschaft, kann aber nicht ermessen, was das für das weitere Leben bedeutet. Der Mensch spürt weder Freude im Fall der wunderbaren Nachricht, noch Schmerz oder Traurigkeit im Fall der Katastrophe. Sportler und Sportlerinnen, die überraschend und unerwartet einen bedeutenden Wettkampf gewonnen haben, drücken das vor der Kamera aus.

Im Fall der Katastrophe handelt es sich um einen gnädigen Schutzmechanismus. Er lässt die Betroffenen handlungsfähig bleiben, was lebensrettend sein kann. Das bedeutet, dass nicht nur der seelische Schmerz ausbleibt. Auch der Körper sendet noch keine Schmerzsignale.

Ich kann mich noch an den Briefbombenanschlag auf den damaligen Wiener Bürgermeister Helmut Zilk am 6. Dezember 1993 erinnern. Die Bombe riss ihm einige Finger ab. Alles war voll Blut, seine Frau starr vor Entsetzen. Er gab ihr glasklare Anweisungen, wie sie ihn zu versorgen hätte, bis die Rettung kam. Das rettete ihm wohl das Leben. Er konnte das, weil er zu diesem Zeitpunkt weder körperlichen Schmerz noch Entsetzen über das Attentat oder Trauer über seine Verstümmelung verspürte.

Im Fall eines plötzlichen Todes, z. B. durch einen Unfall, kann dieser Zustand eine gute Weile andauern. Häufig bis zur Bestattung, die in Wien manchmal auch erst vierzehn Tage nach dem Tod stattfinden kann. Wer dann voreilig das Urteil fällt, die Hinterbliebenen seien herzlos oder die Beziehung muss ja ziemlich schlecht gewesen sein, liegt daneben. Solche Urteile, die gern auch eine moralische Färbung haben, sind auf jeden Fall fehl am Platz.

Anna saß wie erschlagen handlungsunfähig in der Küche, nachdem sie in die Wohnung ihrer plötzlich verstorbenen Tochter gekommen war. Die andere Großmutter der jungen Enkelkinder entwickelte eine Geschäftigkeit, räumte das Zimmer der Verstorbenen auf. Diese Geschäftigkeit musste Anna dann jahrelang durchhalten, da die Kinder ab nun bei ihr und ihrem Mann lebten. Sie war so von dieser Aufgabe überwältigt, die ihr von einem Tag auf den anderen zugefallen war, dass sie einfach „funktionieren" musste, um die Enkelkinder aufzufangen. Für eigenes Trauern blieb da wenig Raum. Als ich sie Jahre nach dem Tod ihrer Tochter um ihren Beitrag für dieses Buch bat, kam diese Bitte zu einer Zeit, wo die Enkelkinder schon selbständig waren. Jetzt erst bekam sie selbst Raum und Zeit, sich ihrer Trauer zu widmen.

In dieser ersten Zeit kann es passieren, dass man das Gefühl hat, ihn oder sie dort vorne gerade in die U-Bahn einsteigen zu sehen. Oder Schritte im Stiegenhaus wecken die Erwartung, dass jetzt gleich der Schlüssel ins Schloss gesteckt wird und die geliebte Person von der Arbeit nach Hause kommt. Wer so etwas erlebt, spinnt nicht. Das Gefühl des Unwirklichen, Traumhaften begleitet alles. Die harte, endgültige Wirklichkeit ist noch nicht voll erfassbar und erfasst. Sie sickert langsam, sodass der Mensch irgendwie damit leben und überleben kann. Diese Taubheit endet häufig mit der Beerdigung. Sonja erzählt, dass sie in der ersten Zeit alles nur unwirklich und schemenhaft erlebt hat:

> „Am Grab wird dann alles noch konkreter: Jetzt wird meine Tochter neben ihren Großeltern in die Erde gelegt – Asche zu Asche, Staub zu Staub. Ich weine, aber ich bin berührt, all diese lieben Menschen zu sehen, die noch leben und die gekommen sind, um sich von meiner Tochter zu verabschieden, die einfach da sind."

Station 2: Zorn und Wut
Trauer hat viele Gesichter. Auch Wut und Zorn gehören dazu.

„Schwierige Gefühle" überschreibt die ORF-Redakteurin Brigitte Krautgartner ein Kapitel ihres Buches „Hinter den Wolken ist es hell", in dem sie berichtet, wie es ihr als Angehörige eines Krebspatienten während dessen Krankheit und nach seinem Tod ergangen ist. Ihr Lebensgefährte hatte sich trotz ihres wiederkehrenden Drängens geweigert, zur Vorsorgeuntersuchung zu gehen. Als er die Symptome der Krebserkrankung nicht mehr ignorieren konnte, war es zu spät. Brigitte Krautgartner erzählt:

„Es machte mich einfach rasend! Wie hatte er das sich selbst und mir antun können! Durch seine Sorglosigkeit, sein Weghören war so viel wertvolle Zeit vergangen. Früherkennung ist bei Krebs das Um und Auf. […] Was sich bei rechtzeitigem Erkennen durch eine Operation durchaus hätte bereinigen lassen, war nun zum Todesurteil geworden. Zum Todesurteil für ihn und damit auch zum Todesurteil für unsere Beziehung. Ich war existenziell betroffen von seiner Entscheidung, die Dinge einfach schleifen zu lassen. Er hat mir dabei nicht das geringste Mitspracherecht eingeräumt – und doch musste ich die daraus erwachsenden Konsequenzen zu 100 % mittragen. Wenn auch in anderer Weise als er. So habe ich es erlebt. So erkläre ich mir bis heute diese mächtige Wut, die mich damals immer wieder überfallen hat.“

Auch Anna berichtet, dass sie immer wieder wütend war auf ihre verstorbene Tochter Antonia. Denn nun musste sie die beiden kleinen Kinder der Tochter versorgen und umsorgen, ihre eigenen Pläne für die Pension zurückstellen. Auch das Leben mit ihrem Mann, der nicht der Großvater der Enkelkinder war, hatte sie sich anders vorgestellt. Dazu kamen enorme finanzielle Aufwendungen, da die bisherige Wohnung für zwei gereicht hatte. Für vier plus Haustiere, die sie auch von ihrer Tochter „geerbt" hatte, war sie aber zu klein. Anna hatte übrigens kein schlechtes Gewissen, wenn sie wieder einmal die Wut packte.

Brigitte Krautgartner beschreibt, dass ihre Umwelt wenig Verständnis für diese Gefühle aufgebracht hat. „Wie kann eine liebende Frau in so einer Situation wütend sein?", war die gängige Reaktion. Auch in einem Online-Trauerforum bekam sie kein Verständnis, sondern man ist mit ihr „recht hart ins Gericht gegangen".

Nicht immer wendet sich der Zorn gegen die geliebte Person, die verstorben ist. Zuweilen sind es auch die Ärzte und das Pflegepersonal, denen die Schuld am Tod gegeben wird. Hätten sie ihre Arbeit gewissenhafter gemacht, dann wäre doch sicher alles gut gegangen. Auch gegen ein Familienmitglied kann sich die Wut richten: „Hätte die Stieftochter sich besser verhalten, wäre die Herzkrankheit nicht tödlich gewesen. Sie hat mit ihrem abweisenden Verhalten der Stiefmutter das Herz gebrochen …" In den letzten Jahren habe ich auch gehört, dass die Coronamaßnahmen letztlich zum Tod des Familienmitgliedes geführt hätten, obwohl dieses weder Corona hatte, noch in einer Einrichtung von den damals verfügten Isolationsmaßnahmen betroffen war. Das macht deutlich, dass das Ziel der Anklage nicht unbedingt logisch begründbar ist oder faktisch in einem ursächlichen Zusammenhang mit dem Geschehen steht.

Diese Station auf dem Weg der Trauer mag für die Begleitenden die herausforderndste sein. Die Gefühle sind also für die Umwelt „schwierig". Für Menschen auf dem Weg der Trauer sind sie ganz normal. Für die Begleitenden gibt es daher auch einige Stolpersteine.

Es hilft nicht, ja es schadet sogar, den Verstorbenen oder das Krankenhauspersonal, selbst die Stieftochter in Schutz zu nehmen. Wer gerade durch diese Station durchgeht, empfindet das als Parteinahme gegen sich und für die anderen. Und fühlt sich damit von Gott und der Welt verlassen. Es geht ja nicht um Fakten, sondern um Gefühle. Und Gefühle kann man mit Fakten nicht wegdiskutieren, seien diese auch noch so stichhaltig. Schweigend die Anschuldigungen und Äußerungen von Wut hinnehmen, ohne Partei zu ergreifen, ist eine Möglichkeit, die wohl jedem gegeben ist. Ob in diesen Momenten der wütenden Entladung körperliche Nähe gewünscht und zugelassen ist, kann man nur ausprobieren. Wer es sich zutraut, kann die Emotion auch beim Namen nennen: „So wütend macht dich das Ganze, das ist ja auch kein Wunder.", „Du bist zornig und kannst doch nichts ändern. Wie furchtbar." …

Der Vorzug dieser Wut und des Zornes ist auf jeden Fall, dass es sich um sehr energiereiche Gefühle handelt. Wer wütend ist, ist kraftvoll. Mag vielleicht auch schnellen Schrittes einen Spaziergang machen und dabei diesen Gefühlen weiter freien Lauf lassen. Wut und Zorn, die unterdrückt werden müssen, weil die Umwelt sie nicht zulässt und der Verlust der Zuwendung droht, sind hingegen enorme Kraftfresser. Und können auch krank machen.

Ich verorte in dieser Station auch die mögliche Wut auf Gott. Diese wird zuweilen als eigene „Phase" genannt. Für mich gehört Gott zu den möglichen Adressaten von Zorn und Ärger in dieser Station. Es liegt auf der Hand, dass Gott nur dann Adressat des Zornes sein kann, wenn vor der Lebenskatastrophe eine Gottesbeziehung vorhanden war – mit einem wie auch immer gestalteten Gottesbild. Wer keinerlei Gottesbeziehung bisher hatte, wird sich auch nicht an und gegen Gott wenden. Wer hingegen bis dahin mit einer Art Kinderglauben an „den lieben Gott" geglaubt hat, wird wahrscheinlich dieses Gottesbild über Bord werfen.

Die Kärntner Dichterin Christine Lavant gibt in ihren Gedichten ein beeindruckendes Beispiel von literarisch verarbeiteter Wut auf Gott. Hier eine Kostprobe:

Vergiss dein Pfuschwerk, Schöpfer!
Sonst wirst du noch zum Schröpfer
an dem, was Leichnam ist und bleibt
und sich die Erde einverleibt
viel lieber als den Himmel.

Und Jesus treibt in einem Kahn
sehr weit am andern Rand der Welt,
und meine letzte Hoffnung bellt
am Ufer durch den Gegenwind.

In der Literaturwissenschaft heißen diese Gedichte „Lästergedichte". Anklage gegen Gott pauschal als Lästerung zu bezeichnen, hat sich wohl ein besonders frommes Gemüt ausgedacht. Dabei gibt es gerade in der Bibel eine Fülle von Beispielen, wo Menschen Gott ihren Zorn, ihre Enttäuschung, ihre Wut entgegenschleudern. Der Verlust aller seiner Kinder durch einen Hauseinsturz veranlasst den Mann Hiob, mit Gott hart ins Gericht zu gehen. Es ist ein wunderbares Beispiel für einen Menschen, der sich mit Gott auseinandersetzt. Seine Gefährten, die ihn in seinem Leid besuchen, und seine Ehefrau missbilligen auf jeweils ihre Weise sein Verhalten. Am Ende der Geschichte gibt Gott dem Hiob selbst Recht und rechtfertigt seine Auseinandersetzung mit ihm.

Auch die biblische Poesie, die Psalmen, sind reich an heftiger Klage und Anklage gegen Gott. Jesus selbst hat nach der Überlieferung am Kreuz Gott mit Worten aus Psalm 22 gefragt: „Warum hast du mich verlassen?"

Niemand muss in diesem Fall die Ehre Gottes verteidigen. Das hat Gott gar nicht nötig. Es hilft auch nichts, die eigene Glaubensüberzeugung, dass Gott auch in der größten Katastrophe nahe ist, ins Spiel bringen. Die Auseinandersetzung mit Gott ist eine höchst intime Angelegenheit.

Und jeder Mensch lebt das auf seine Weise. Hier ist respektvoll schweigendes Zuhören angesagt.

Es kann aber auch sein, dass der Zorn sich gegen sich selbst richtet in Form von Selbstvorwürfen. „Wäre ich nicht auf Urlaub gefahren, wäre meine Mutter nicht auf den Stuhl gestiegen, um etwas abzuwischen. Denn dann hätte sie mich gebeten, es zu machen. Aber weil ich nicht da war, ist sie heruntergefallen und das war der Anfang vom Ende." Phantasievoll können solche Selbstbezichtigungen sein. Logisch sind sie nicht. Und dennoch empfiehlt es sich, in diese Gedankenwelt ein Stück hineinzugehen. Sich erzählen zu lassen, wie die Pflege oder Begleitung der hochbetagten Mutter ausgesehen hat. Was schwierig war. Wie es zu dem Urlaub gekommen ist. Was die Mutter dazu gemeint hat. Und so fort. Also nicht argumentieren, sondern die Geschichte rund um die Selbstvorwürfe in Worte bringen lassen. Im besten Fall stellt sich dann von selbst eine andere Perspektive ein.

Menschen, denen das Angebot der Beichte vertraut und lieb ist, kann man auch darauf hinweisen. Wobei es aber nicht sicher ist, dass sie sich nach der Zusage von Gottes Vergebung auch selbst vergeben können. Vor Jahren habe ich nach so einer Beichte erlebt, dass sich bei einer Person die Entlastung nicht eingestellt hat, weil sie sich selbst immer noch und immer wieder Vorwürfe gemacht hat. Da hat die Beichte bzw. der Zuspruch der Vergebung das Ziel nicht erreicht. Einen längeren Prozess hat die Person aber nicht gewünscht.

Station 3: Endlich fließen die Tränen

In Filmen und Romanen brechen die Menschen, wenn die Todesnachricht kommt, in Tränen aus. Manchmal kommt dann noch eine Ohnmacht dazu, die das Drama im Film noch dramatischer erscheinen lässt. Nach meiner Beobachtung fallen da aber nur Frauen in Ohnmacht. Bei Männern fließen im Film auch nicht immer die Tränen. Das wäre dann doch zu unmännlich, zu weich. Oder?

Im wirklichen Leben kann es dauern, bis die Tränen fließen. Da sind alle anderen schon weitergezogen auf dem Weg der Trauer, der bei weniger nahen Beziehungen weitaus kürzer ist. Die Bestattung ist nur noch eine mehr oder weniger ferne Geschichte. Man spricht darüber wie über etwas, was erledigt ist und nun zum Erinnerungsrepertoire gehört. Wenn man überhaupt noch darüber spricht. Denn so viele andere Dinge haben sich seitdem als Wichtigkeiten im Leben der anderen eingefunden. Nur die nächsten Hinterbliebenen erfasst unsagbare Traurigkeit, verbunden mit einem Meer von Tränen. Da sitzt man dann allein am Abend bei einem Glas Wein oder einer Tasse Tee und schluchzt unaufhaltbar vor sich hin.

Mich hat nach dem Tod meines Vaters, ich war damals neunzehn Jahre alt und völlig unerfahren im Umgang mit dem Tod, erst nach einem halben Jahr das heulende Elend gepackt. Eine ehemalige Schulkameradin, die das zufällig mitbekommen hat, kommentierte das so: „Was stellst du dich so an. Das ist eh schon sechs Monate her." Auch sie war natürlich völlig unerfahren im Umgang mit Menschen, die gerade einen nahen Angehörigen verloren haben.

In dieser Station ist körperliche Nähe in der Regel hilfreich und ein ausreichender Vorrat an Taschentüchern. Und viel Zeit und viel Geduld. Wenn die Tränen dann für heute versiegt sind, kann man durchaus einen Spaziergang machen. Miteinander auch etwas unternehmen. Kochen. Mit den Kindern Mensch ärgere dich nicht spielen oder was halt sonst Freude macht.

Station 4: Das Ende des Weges

Niemand weiß, wann das Ende des Weges erreicht sein wird. Jeder Mensch beschreitet ihn im eigenen Tempo, das auch von den Umständen des Todes abhängt. Nach jahrelanger Krankheit, die langsam, aber unaufhaltbar zum Tod geführt hat, haben beide vielleicht schon ein Stück des Weges gemeinsamen zurückgelegt. Vielleicht lebte der Sterbende, die Sterbende die letzte Zeit gut umsorgt in einem Hospiz. Dort konnten die Angehörigen gut begleitet noch in Ruhe alles besprechen. Vielleicht sogar gemeinsam das Abendmahl feiern. Ich habe berührende Momente im Hospiz am Rennweg in Wien erlebt, bei solchen Feiern. Der geliebte Hund der Sterbenden lag neben ihr im Bett. Kinder, Schwiegerkinder und Enkelkinder saßen ums Bett herum. Wir teilten Brot und Wein. Am Ende segnete ich die Sterbende und jedes einzelne Familienmitglied. In der folgenden Nacht schlief sie friedlich ein. Es ist verständlich, dass der Weg der Trauer anders verläuft nach so einem gestalteten Abschied als nach einem plötzlichen und unerwarteten Unfalltod.

Aber irgendwann ist das Ende des Weges erreicht. Das bedeutet, dass die Geschichte mit dem Verstorbenen, die guten Tage und die schwierigen Zeiten, als Teil des eigenen Lebensschatzes wahrgenommen werden. Der Geburtstag oder andere herausgehobene Zeiten sind Tage der Erinnerung, die aber nun nicht mehr das Elend der ersten Zeit aufwecken. Der Lebensmut, die Lebenskraft ist zurückgekehrt. Der Alltag ist in seiner veränderten Form schon ein wenig zur Gewohnheit geworden.

Aber: Nach drei Jahren vermisst Josef die Nähe von Hildegard immer noch. Das Händchenhalten, die Wärme des Beieinanderseins, der Austausch von Gedanken, Freuden und Ängsten fehlen sehr. Josef bleibt mit Hildegard verbunden. Und er ist fest davon überzeugt, dass auch sie diese Verbindung spürt. Ohne dass einer von ihnen eingeengt wäre. Weder durch Nicht-Loslassen noch durch Einigeln in Trauer und Einsamkeit. Einsamkeit habe er nie empfunden, sagt er. Hildegard sei immer bei ihm. Das ermöglicht es ihm, gerne auszugehen, viel zu wandern, Reisen zu unternehmen. Das Leben mit Speis und Trank, Musik, Theater … auszukosten. Und auch offen zu sein für eine eventuelle neue Partnerschaft. Er ist sich sicher, dass Hildegard einverstanden wäre. Die Beziehung zu den zwei Kindern aus erster Ehe von Hildegard und zu den mittlerweile vier Enkelkindern genießt er.

IV.

DIE ZEIT
NACH DER BESTATTUNG

In meiner Kindheit trugen die Menschen ein ganzes Jahr nach dem Tod eines nahen Angehörigen schwarze Kleidung. Oder zumindest den sogenannten Trauerflor, eine schwarze Armbinde, die an der Überbekleidung befestigt war. So konnten alle, auch Fremde, erkennen, dass der Mensch vermutlich nicht auf der Höhe seiner Kräfte, Aufmerksamkeit und Energie ist. Heute sehe ich auf der Straße buchstäblich niemanden, der in Trauerkleidung unterwegs ist. Schwarze Strümpfe sind ein Ausdruck von Modebewusstsein, nicht dafür, dass jemand gestorben ist. Und der Trauerflor ist nach meiner Wahrnehmung ganz aus dem Stadtbild verschwunden.

Die Folgen des Verlustes dieses Brauchs sind gnadenlos: Von Trauernden wird verlangt, dass sie schnell wieder funktionieren. Denn wenn die Bestattung einmal überstanden ist, geht die Mitwelt zurück zur Normalität. Und genau das erwartet sie völlig unreflektiert von den Trauernden auch. Hier wird mit gleichem Maß gemessen, obwohl nichts gleich ist.

Warum ein ganzes Jahr? Auch wenn jeder Tag ein bisschen anders verläuft als alle vorhergehenden, gibt es im Lauf eines Jahres einen klaren Rhythmus, der in unseren Breiten allein schon durch die Jahreszeiten und die christlich geprägte Kultur gegeben ist. Dazu kommen noch die innerfamiliären Gebräuche. Man kann den ersten oder den letzten Schultag immer im gleichen Eissalon begehen. Jedes dritte Wochenende im Monat schlafen die Kinder bei den Großeltern. So hat wohl jede Familie ihre ganz eigenen wiederkehrenden Gebräuche auch außerhalb der „offiziellen" besonderen Zeiten. Ich selbst habe in diesem ersten Jahr nach dem Tod meines Mannes das Gefühl gehabt, alles neu erfinden zu müssen: Die Kindergeburtstage, Weihnachten, Ferien und Urlaub. Aber so banal das klingt, auch das Frühstückmachen. Denn das hatte bisher immer mein Mann besorgt. Also sowohl im Alltag als auch zu den besonderen Zeiten musste ich jetzt anders agieren als zuvor, als er noch da war. Wo wir gemeinsam die tägliche Routine, aber auch die herausgehobenen Tage gelebt haben.

Nun musste ich das alles zum Teil neu erfinden. Denn eine Person allein kann es nicht so machen, wie es zu zweit gemacht worden ist. Es musste ja auch zu unserer neuen Lebenssituation passen. Und natürlich sind besonders die herausgehobenen Zeiten anfällig für den großen Jammer und zuweilen mit mehr Wehmut gefüllt als der normale Alltag. Das alles kostet unendlich viel Energie. Aber dieser Aufwand ist für die anderen nicht wahrnehmbar. Frühstück machen, bevor die Kinder in den Kindergarten und die Schule gehen? Das tun die anderen Frauen doch auch. Ja, freilich, und so ein Frühstück ist keine Hexerei. Aber wenn sich diese kleinen Dinge anhäufen, die ich nun zusätzlich übernehmen muss, wird es sehr viel. Und das bei ohnehin reduzierter Kraft.

Nach einem Jahr hatte ich bereits ein wenig Erfahrung. Sowohl mit mir selbst als auch damit, welche Ideen und Gestaltungselemente hilfreich und stimmig gewesen sind und wo ich noch weiter nachdenken und ausprobieren musste. Und dennoch erlebte ich das zweite Jahr als schwieriger. Denn im ersten Jahr hatte ich viele kleine Siege zu feiern, wenn es mir gelungen war, den Kindergeburtstag, Weihnachten, den Urlaub und was sonst noch alles neu zu erfinden war, halbwegs gut über die Bühne zu bringen. Im zweiten Jahr gab's nichts mehr zu feiern. Alles war nur noch eine Wiederholung. Zudem verdarb mir die Gewissheit, dass es jetzt immer so sein würde, die Freude daran, dass ich es schaffte. Kein Mensch hatte jedoch Verständnis dafür, dass ich mehr als ein Jahr nach dem Tod meines Mannes nun trauriger war als das ganze erste Jahr. Damit konnte ich wirklich niemandem kommen.

UNTERSCHIEDLICHE GESCHWINDIGKEITEN AUF DEM WEG DER TRAUER

Die Zeit, die es braucht, bis ein Mensch sich in die neue Lebenswirklichkeit einfindet, ist nicht vorhersehbar. Die „Lustige Witwe" in der Operette ist wohl ein extremes Beispiel. Als ihr Mann bereits in der Hochzeitsnacht stirbt, genießt sie das Werben eines anderen gleich am nächsten Tag. Am anderen Ende der Skala befinden sich die Menschen, deren Lebensmut und Lebensfreude für immer mit dem Verstorbenen dahin gegangen sind.

Der Schutz der Trauerkleidung im sogenannten Trauerjahr mag hilfreich gewesen sein. Aber in ländlichen Gebieten wurde dieser Schutzraum zuweilen auch zur Verpflichtung, länger zu trauern, als es dem eigenen Empfinden entsprochen hat, oder zumindest so zu tun. Da wurde kritisch geschaut, ob das Schwarz noch schwarz genug war. Oder ob sich in der Kleidung der Witwe eine hellere Bluse oder ein buntes Halstuch eingeschlichen hat vor Ablauf der vorgeschriebenen Frist. Hat man sie gar mit einem fremden Mann in einem Lokal gesehen? Hat sie beim Faschingsfest in der Schule der Kinder fröhlich gescherzt? Der Tratsch im Dorf bekam dann allerhand Futter für Entrüstung und Kopfschütteln.

Die nächsten Angehörigen und der Rest der Welt sind auf jeden Fall mit unterschiedlichen Geschwindigkeiten auf dem Weg der Trauer unterwegs. Für die engsten Hinterbliebenen ist jeder Tag ohne die geliebte Person eine Herausforderung. Alle anderen gewöhnen sich schnell daran, dass er oder sie nicht mehr da ist.

Als eine junge Kollegin in der Schule, wo ich unterrichtete, völlig überraschend an Krebs, dessen Wachsen und Wirken sie bis fast zuletzt nicht bemerkt hat, gestorben ist, war die Betroffenheit groß. Ich hatte sie noch im Hospiz besucht und konnte mich von ihr verabschieden. Nach ihrem Tod stand bis zur Beerdigung auf ihrem Platz im Konferenzzimmer ein Foto von ihr mit einer Kerze davor. Am Tag nach der Beerdigung war beides verschwunden. Eine Kollegin, die sich bisher irgendwo am Rand mit einer minimalen Arbeitsfläche begnügen musste, war auf den komfortableren Arbeitsplatz nachgerückt.

Ähnlich war es in dem Haus, wo ich nun schon mehr als zehn Jahre wohne. Wir kennen einander seit dem gemeinsamen Einzug in den Neubau. Als eine Nachbarin schwer an Demenz erkrankte und nicht weiter allein in der Wohnung bleiben konnte, trafen wir uns mit ihr im Gemeinschaftsraum zu einem letzten gemeinsamen Abend. Am Tag darauf sollte sie ins Pflegeheim übersiedeln. Wir alle wussten das. Ihr Sohn hatte gebeten, dass es ihr niemand sagt. So konnte sie den letzten Abend mit uns ungetrübt genießen. Hermine war ihr Leben lang eine begeisterte Sängerin. Bis zu ihrem 85. Geburtstag hatte sie in mehreren Chören glockenhellen Sopran gesungen. Die Demenz kam schnell und entwickelte sich rasant. Wir haben bei diesem letzten Treffen ihre alten Liederbücher verwendet. Ich habe mir ihre Gitarre ausgeborgt, und dann ist es los gegangen. Sie hat gestrahlt und alle Texte auswendig gekonnt. Alle Strophen. Und wenn da wo ein falscher Ton dabei war, hat sie die Sängerin oder den Sänger freundlich drauf aufmerksam gemacht, dass es nicht so, sondern so klingen müsse. Zwei Stunden Glück. Sie wusste unsere Namen nicht mehr. Und doch hat sie uns als „ihren“ Chor erlebt. Und wir waren auch alle glücklich und zufrieden, was bei unserer Hausgemeinschaft, nun ja, nicht immer der Fall ist. Am nächsten Tag übersiedelte sie ins Heim. Zehn Tage später ist sie dort eingeschlafen und nicht mehr aufgewacht.

Am Tag nach der Beerdigung haben sich alle wieder im Gemeinschaftsraum getroffen, um zu besprechen, wie es mit ihrer Wohnung weitergehen soll. Da es sich um das besondere Wohnprojekt einer Genossenschaft handelt, können wir uns aussuchen, wer eine freiwerdende Wohnung beziehen soll. Es war keine Kerze am Tisch und niemand fand etwas dabei, dass wir nun schon über die Weitergabe ihrer Wohnung beraten.

Das alles geschieht nicht böswillig, sondern ist ganz normal. Man gewöhnt sich erstaunlich schnell daran, dass ein Mensch nicht mehr da ist. Auch wenn im Beileidsschreiben vielleicht beteuert wurde: „Wir werden seiner immer gedenken.“ Oder Ähnliches. Nein, das tun wir nicht. Denn so sind wir nicht. Die Herausforderung für die Hinterbliebenen und die Menschen um sie herum besteht darin, das zu erkennen und zu akzeptieren. Ich als Hinterbliebene habe keinen Grund, den anderen böse zu sein, dass sie so schnell und leicht wieder zur Tagesordnung zurückkehren. Und die anderen haben kein Recht zu fordern, dass die unmittelbar Betroffenen mit der Situation, dass ihr Lebensmensch nicht mehr da ist, „fertigwerden" oder sie „akzeptieren". Auch wie schnell es gehen soll, dürfen sie nicht bestimmen. Allein diese Formulierungen verraten eine gewisse Ungeduld. Denn natürlich ist es herausfordernder mit Menschen zusammen zu sein, die ein schweres Leid tragen, als mit denen, die beständig vergnügt vor sich hin trällern. Freilich haben sie auch keine moralischen Urteile zu fällen, wenn die Erholung schneller vor sich geht, als sie es erwarten oder für gut befinden.

Noch herausfordernder scheint mir aber für die Mitwelt zu sein, wenn die Trauer sich nicht in Tränen, sondern in Wut ihren Weg bahnt. Da ist man freundlich, friedlich und geduldig, und dann kommen schnippische Antworten und so gar keine Dankbarkeit für die Unterstützung, die man sich abgerungen hat aus dem eh schon knappen Zeitbudget.

IN DER FAMILIE KANN MAN EINANDER NUR SCHWER HELFEN

Die allernächsten Angehörigen erwarten voneinander zu Recht Unterstützung in schwierigen Zeiten. Paare haben, falls sie ihre Trauung in einer Kirche gefeiert haben, einander feierlich gelobt: „In guten und in schlechten Zeiten will ich dir beistehen." Das gelingt, wenn *sie* Schwierigkeiten in der Arbeit hat und eine neue Aufgabe sucht. Da kann *er* ihr beratend und unterstützend zur Seite stehen. Das ist möglich, wenn *er* einen Autounfall verursacht hat, und sich Vorwürfe macht, dass er übermüdet gefahren ist.

Beim Tod des gemeinsamen Kindes ist es anders. Denn nun sind ja beide hilfsbedürftig. Beide brauchen eine Schulter zum Anlehnen und jemanden, der sie tröstend in den Arm nimmt. Beide brauchen jemanden, der ein starker Fels in der Brandung der wilden Gefühle ist. Ja, beide brauchen es. Aber die Erwartungen an den Partner, die Partnerin werden immer und immer wieder enttäuscht werden. Denn wenn *er* gerade in Tränen aufgelöst ist, ist *sie* erfüllt von der Wut, die auch eine Zutat des Gefühlscocktails in der Trauer ist. Während *sie* gerade dabei ist, das Kinderzimmer in ein Arbeitszimmer umzuwandeln, möchte *er* am liebsten eine kleine Gedenkstätte hier errichten. Und beide haben zu wenig Kraft, sich in den anderen hineinzuversetzen. Denn sie sind so angefüllt mit den eigenen Emotionen und Gedanken, dass für nichts anderes Raum ist.

Viele Ehepaare trennen sich nach dem Tod ihres Kindes, weil sie voneinander enttäuscht sind. Denn auch die Dauer der akuten Trauer ist ja bei jedem Menschen verschieden. Und wenn *sie* schon in ein Konzert oder ins Kino gehen möchte, kann es sein, dass *er* dafür gar kein Verständnis hat. *Er* empfindet es als Verrat an dem gemeinsamen Verlust. Es kann natürlich auch umgekehrt sein. Dann meint *er*, sie sollten sich wieder einmal mit Freunden treffen. *Sie* möchte nicht mitkommen, weil sie den Anblick der Kinder dieses Paares nicht erträgt. Selbstverständlich beschränkt sich das nicht auf Ehepaare. Diese Problematik kann auch zwischen anderen Mitgliedern einer Familie zu irreparablen Konflikten führen.

Mitte Jänner sucht Julia die Nummer des Pfarramtes heraus. Sie und ihr Verlobter wollen heiraten. Die Hochzeit soll im Mai sein. Der dritte Samstag im Mai ist noch frei und wird für 15 Uhr im Kalender fixiert. Am folgenden Dienstag kommen sie nach der Arbeit zu einem Kennenlernen und ersten Gespräch ins Pfarramt. Julia und Markus erscheinen pünktlich. Sie sind ein ansehnliches, sportliches Paar. Beim Joggen haben sie einander kennengelernt. Bei einer Verschnaufpause standen sie zufällig nebeneinander auf einer Brücke. Sie hat ihn angesprochen, gefragt, wie spät es sei. So ist man ins Gespräch gekommen. Für den Abend haben sie sich beim Heurigen verabredet. Frisch geduscht und im „normalen" Gewand ist die gegenseitige Anziehung geblieben. Überrascht haben sie festgestellt, dass sie gerade dasselbe Buch lesen. Auch sonst gibt es viele Gemeinsamkeiten. Beruflich sind sie erfolgreich. Aber die Work-Life-Balance ist beiden wichtig. Karriere auf Kosten der Beziehung, der Familie mag sie nicht machen. Und er auch nicht. Jetzt leben sie schon ein Jahr zusammen. Nun ist es Zeit zu heiraten. Sie haben sich schon viele Gedanken gemacht, wissen genau, wie sie die Feier gestalten möchten. Freunde sollen musizieren. Bei einem weiteren Termin einen Monat vor der Trauung würde dann alles klar sein. Zwei Tage vor dem neuerlichen Treffen ruft Julia im Pfarramt an. Unter Tränen sagt sie die Trauung ab.

Was ist passiert? Gemeinsam waren sie joggen. Auf ihrer üblichen Strecke. Alles war wie immer. Sie hatten ihre Runde fast vollendet, als

Markus umfiel. „Wie ein Stück Holz ist er einfach umgefallen", sagt Julia. Er war sofort tot. Das hat sie allerdings erst viel später erfahren. Statt einer Trauung bereitet Julia nun eine Beerdigung vor.

Am Friedhof drängen sich die Menschen in die Aufbahrungshalle. Etliche müssen draußen bleiben. Über einen Lautsprecher hören sie die Musik. Es spielen die Freunde, die bei der Hochzeit musizieren sollten. Die Rede des Chefs. Die Erinnerungen des besten Freundes und des Bruders. Die Ansprache der Pfarrerin …

Ein unendlich langer Zug bewegt sich langsam zum Grab. Eine Schaufel Erde. Eine Rose. Es dauert lang, bis alle dran waren.

Julia steht neben der Mutter von Markus, dem Bruder und dessen Frau und nimmt die Beileidsbekundungen entgegen. „Das Leben muss weitergehen", sagen manche und schütteln ihr die Hand.

Als ich mich verabschiede, vereinbaren wir, dass ich mich in ein paar Wochen bei Julia melden werde. Drei Monate nach der Beerdigung besuche ich Julia in der gemeinsamen Wohnung, wo sie nun allein lebt. Julia hat Kaffee gekocht und Kuchen aus der Konditorei geholt. Der Tisch ist für drei Personen gedeckt.

„Kommt noch jemand?", frage ich. Julia schüttelt den Kopf: „Ich decke immer für ihn mit. Auch wenn ich am Abend ein Glas Wein trinke, stelle ich eines für ihn hin." Sie gießt Kaffee in die drei Tassen und legt auf jeden Teller ein Stück Kuchen.

Sie erzählt, dass sie sehr einsam ist. Ihre Freundinnen und Bekannten wollen nicht mehr zu ihr kommen, weil sie es „krank" finden, dass sie auch für Markus ein Gedeck auflegt. Sie meinen, dass sie dringend einen Arzt braucht, etwas gegen ihre Depression tun muss, wie sie es nennen. „Aber ich habe keine Depression. Ich bin nur todtraurig. Er fehlt mir so." Sie weint nicht, als sie das sagt. Aber ihr ganzer Körper spricht von ihrer Traurigkeit. Sie erzählt, dass die Mutter von Markus ihr die Schuld an seinem Tod gibt. Weil sie ihn angeblich sportlich angetrieben und herausgefordert und überfordert hat. Auch sein Bruder und die Schwägerin meiden sie, weil sie es mit der Trauer übertreibt, wie sie meinen. Sie hat Markus überall ordnungsgemäß abgemeldet. Bei der Versicherung, bei der Bank, bei der Telefongesellschaft … Allen Stellen hat sie geschrieben, eine Sterbeurkunde beigelegt. Da schickt die Bank eine neue Kreditkarte für ihn und das Bundesheer die Einberufung zu einer Waffenübung.

„Und dann beginnt alles wieder von vorne", sagt sie. Dann ist es so, als wäre er gestern noch da gewesen. „Wieso erwartet man von mir, dass ich nach nur drei Monaten wieder frisch und fröhlich bin? Ich soll einfach funktionieren, damit es den anderen besser geht." Und deshalb hat sie auch kaum noch Kontakt zu seiner Familie.

Auch Anna erzählt, dass sie nach dem Tod ihrer Tochter mit ihrem Mann nicht über ihren Schmerz reden konnte. Er, der nicht der leibliche Großvater der nun zu versorgenden Enkelkinder war, hatte sofort ohne Wenn und Aber zugestimmt, dass die Kinder samt Haustieren zu ihnen kommen sollten. Aber einem Gespräch über ihre Trauer hat er sich immer entzogen. Und so fühlte Anna sich allein gelassen.

Aber so muss es nicht sein. Ich habe erlebt, wie sich ein Paar sehr bewusst und aufmerksam diesen Schwierigkeiten gestellt hat.

Michael, ich nenne ihn jetzt so, kam eines Tages ins Pfarramt. Er war vor Jahren aus der Kirche ausgetreten. Jetzt wollte er wieder eintreten. Ich fragte nach: „Wieso überhaupt? Wieso gerade jetzt?" Seine Freundin sei schwanger, erzählte er. Aber das Baby hätte wohl einen schweren genetischen Defekt. Die Ärzte meinen, dass es nicht lange leben würde. „Das wird eine schwere Zeit für uns", meinte er. Sie hatten sich so auf das Kind gefreut. Sie wollten es auch taufen lassen und in dieser Zeit von jemandem außerhalb der Familie begleitet werden. Ob ich dazu bereit wäre.

Bei unserem nächsten Treffen kam die im siebten Monat schwangere Freundin mit. Auch sie wollte nun evangelisch werden. Den Eintritt der beiden feierten wir in einem Gottesdienst der Gemeinde. Ab nun kamen sie häufig in den Gottesdienst. Dazwischen gab es Gespräche.

Das Kind, ein kleines Mädchen, kam auf die Welt. Gut begleitet von einem Kinderarzt, der dafür sorgte, dass es während seines kurzen Lebens ohne Schmerzen war, lebte es knapp sechs Monate. Die Taufe war ein tränenreiches Fest, bei dem die Eltern einander auch das Jawort gaben.

Nach der Beerdigung der kleinen Flora trafen wir uns regelmäßig. Vater und Mutter erzählten abwechselnd, wie es ihnen gerade ging. Welche Gedanken sie gerade überwältigten. Wir beiden anderen hörten zu. Ohne zu kommentieren. Ohne zu bewerten. Ab und zu machte *er* große Augen zu dem, was *sie* erzählte. Und manchmal war es umgekehrt. Hand in Hand gingen sie nach einer knappen Stunde wieder nach Hause.

Ein Jahr lang trafen wir uns regelmäßig. Die Abstände wurden größer. Am ersten Todestag von Flora hatten wir das letzte Gespräch. Und kurz darauf kamen sie strahlend in den Gottesdienst. Es gab wieder eine Schwangerschaft. Und diesmal ging alles gut. In der Wohnung steht bis heute ein Foto von Floras Taufe. Und der kleine Bruder kennt den Namen seiner früh verstorbenen Schwester und zeigt Besuchern gerne das Bild.

WEIHNACHTEN, EIN SCHWIERIGES FEST

Von allen Festen und feierlichen Anlässen scheint mir Weihnachten das schwierigste Fest für trauernde Hinterbliebene zu sein. Zumindest haben mir im Lauf der Jahre immer wieder Menschen erzählt, wie sehr sie sich vor den Weihnachtsfeiertagen fürchten. „Weihnachten gibt es für mich heuer nicht", sagen manche. Aber niemand entkommt hierzulande dem, was ich durchaus kritisch „Weihnachtsgetöse" nenne.

Angeblich ist Weihnachten das Fest der Familie. Als Theologin erlaube ich mir zu widersprechen. Nichts weist in der biblischen Geschichte der Geburt Jesu darauf hin. Denn Maria und Josef waren bei der Geburt ihres Kindes getrennt von der für sie gewohnten Großfamilie. Da war keine ältere Verwandte, die Maria bei der Geburt zur Seite stand. Da war niemand, der sich ums Essen kümmerte. Denn ja, Mütter und Väter haben nach der Geburt Hunger. Da war niemand, der die Windeln für das Neugeborene zurechtgelegt hat … Sie waren ganz auf sich gestellt. Und nicht einmal Ochs und Esel, die in Krippenspielen so gern als wärmende freundliche Gefährten dargestellt werden, finden sich im Evangelium.

Was ich damit sagen will: Man kann Weihnachten als Fest der Familie feiern, wenn es für alle stimmig und richtig ist. Man muss aber nicht.

Ein halbes Jahr nach dem Tod meines Mannes war also Weihnachten. Mir war klar, dass wir dieses Jahr und hinfort alles anders machen müssen. Nie wieder würde es so sein, wie es gewesen ist. Und daher würde ich auch gar nicht versuchen, es so zu gestalten wie früher. Die Lösung für mich war die Entscheidung raus aus dem Weihnachten der Kleinfamilie. Am Heiligen Abend waren also sehr zum Missfallen meiner Mutter außer ihr und meiner Großmutter noch einige alleinstehende Menschen dabei, die ich aus meiner Arbeit in der Pfarrgemeinde kannte. Es war – mehr konnte ich wohl nicht erwarten – ein erträglicher Abend. Wir waren da. Wir lasen das Weihnachtsevangelium, das ja gerade für diejenigen, denen es nicht so gut geht, eine Botschaft birgt. Wir hatten ein feines kaltes Abendessen, das ich weitgehend schon am Tag vorher vorbereitet hatte. Auch das war neu und anders. Meine Tochter verkleidete sich als Weihnachtsengel, was sie noch nie getan hatte.

Als die Kinder im Bett waren, verabschiedete ich die Gäste und machte mich auf den Weg in die Kirche, um dort mit der Gemeinde und für die Gemeinde die Christmette zu feiern. So begann eine neue Weihnachtstradition, die bis heute hält und trägt.

Inzwischen bieten evangelische und katholische Gemeinden am Heiligen Abend Raum für Menschen, die gern in größerer Runde Weihnachten feiern. Ob der Abend von ehrenamtlichen Mitarbeitern oder von der Familie der Pfarrerin, des Pfarrers gestaltet wird, ist verschieden. Eine Kollegin feiert mit ihrer Familie im Kreis vieler Menschen in den Räumlichkeiten der Gemeinde. Nun kann man fragen, wie es den Kindern damit geht, mit so vielen, wohl auch Fremden, den Abend zu verbringen. Die Teenagertochter der Kollegin hat sich dazu geäußert: „Ich bin froh, dass wir nicht nur zu viert daheimsitzen und eine perfekte Familie spielen. Es wäre so unglaublich fad ohne das persische Essen." Ich habe den begründeten Verdacht, dass ab einem gewissen Alter Jugendlichen diese offene Form der Gestaltung besser gefällt.

Auch die hochbetagte Mutter einer Freundin hat es mit ihren über 90 Jahren geschafft, nach dem Tod des Mannes sich auf diese Form des Weihnachtsfestes einzulassen. Jahrzehnte haben sie mit ihrer Tochter zu dritt gefeiert. Nun verbringen sie und ihre Tochter den Abend bei Freunden in deren wachsender Familie. Sechzehn Personen werden diesmal am Tisch sitzen. Und alle Gäste sind gebeten, etwas mitzubringen. Auch die 92-Jährige. So ist sie nicht Mitleidsempfängerin, sondern trägt mit ihren großartigen Kochkünsten etwas zum Gelingen des Abends bei.

Hier liegt für mich auch die Möglichkeit, etwaigen Widerstand der Eingeladenen zu überwinden. Nicht aus Mitleid seid ihr bei uns willkommen, sondern weil eure Anwesenheit oder das, was ihr beitragen könnt, den Abend noch schöner macht. Freunden und Freundinnen werden da schon die rechten Worte und die passenden Aufgaben einfallen.

Und wenn sich die Eingeladenen dann früher als andere verabschieden, wird auch niemand böse sein. Denn das erste Weihnachtsfest ohne ihn, ohne sie kostet viel Kraft. Auch wenn es ganz anders gestaltet ist als früher.

Eine kleine Nachbemerkung: Statt Weihnacht könnte man hier auch Ostern oder Geburtstag und je nach Umfeld und Religion Yom Kippur, Ramadan und alle anderen besonderen Zeiten einsetzen.

GEREDE UND GERÜCHTE

Der Tod erschreckt. Der Tod fasziniert. Sonst gäbe es nicht so viele Kriminalfilme, die ja ohne eine Leiche nicht auskommen. Nebenbei bemerkt handelt es sich dabei meist um eine weibliche Leiche. Auch Zeitungen und Nachrichten leben gut vom Tod. Und natürlich erzählt man einander als Erstes die Neuigkeit, dass jemand aus dem Bekannten- und Freundeskreis verstorben ist. Erst danach kommen alle anderen Geschichten.

Der Tod hat auch immer etwas Geheimnisvolles. Meine Mutter hat den Ehemann ihrer verstorbenen Freundin, die Mutter meiner Sandkistenfreundin, hochnotpeinlich befragt: „Was waren ihre letzten Worte?", „Wie hast du gemerkt, dass sie tot ist?" Alles wollte sie wissen. Der arme

Mann hat sich, soweit ich mich erinnern kann, verlegen gewunden. Er wollte das alles gar nicht berichten. Es ging ihm selbst ganz elend. Aber die Inquisition ging so lange weiter, bis meiner Mutter keine Fragen mehr einfielen. In den nächsten Wochen hat sie dann ihre Informationen an die Damen, die zum Kaffee gekommen sind, genussvoll weitergegeben.

In diesem Kreis wurde auch ein anderer Tod ausführlich beredet. Der Sohn einer gemeinsamen Bekannten war kurz nach seiner Promotion *sub auspiciis praesidentis* auf unerklärliche Weise vom Balkon der Familienwohnung im 4. Stock gefallen. Er war sofort tot. Der Balkon des Hauses aus dem 19. Jahrhundert hatte ein Geländer, das dem Hochgewachsenen gerade bis zum Bauchnabel reichte. Im Laufe des Trauerjahres entwickelten die Damen des Kaffeekränzchens immer wildere Theorien. Zuerst hieß es noch, dass dem langen und dünnen jungen Mann wohl der Kreislauf versagt hätte, er zusammengebrochen und übers Geländer gekippt sei. Später wusste eine Dame von einem vorhergegangenen Streit mit seiner Mutter zu berichten. Habe sie ihn vielleicht geschubst? Oder ist er aus Wut gesprungen? Auch von einer angeblichen Depression hatte jemand gehört, die von der Familie verheimlicht worden war. Denn der aufstrebende junge Jurist sollte demnächst in die Anwaltskanzlei seines Vaters eintreten. Was würden da die Klienten sagen, wenn der Junior eine so peinliche Krankheit hätte.

Die Mutter des Verstorbenen war bis zu dessen Tod immer bei den Treffen dabei gewesen. Nun wurde sie nicht mehr eingeladen. Die Geschichte war jedoch allwöchentlich monatelang Gesprächsthema Nummer eins. Ein Jahr nach dem Tod des Sohnes starb auch die Mutter.

Auch beim Unfalltod einer Schülerin von mir gab es Gerüchte. Die junge Frau war mit ihren siebzehn Jahren schon eine geübte und vor allem passionierte Fallschirmspringerin. Eines Tages sprang sie und der Fallschirm öffnete sich nicht. Sie war das einzige Kind ihrer Eltern. Ich hatte die Aufgabe, die Familie durch die Zeit der Trauer und bei der Beerdigung zu begleiten. Von der Direktorin unserer Schule bekam ich den Auftrag, mit ihren Klassenkolleginnen Gespräche zu führen. Es war damals noch eine reine Mädchenschule. Für die meisten war es das erste Mal, dass sie so hautnah den Tod eines anderen Menschen erlebten. So umsichtig sich die Direktorin in Bezug auf die Schülerinnen zeigte, so merkwürdig verhielt sie sich im Konferenzzimmer. Da verbreitete sie wilde Geschichten, dass es sich nicht um einen Unfall, sondern um einen geplanten Suizid, Selbstmord sagte sie, gehandelt habe. Weil das Mädchen sich in letzter Zeit mit ihren Eltern nicht gut verstanden habe … Die Familie der Schülerin und sie wohnten im selben Ort in unmittelbarer Nachbarschaft.

Spekulationen und Gerüchte machen auf jeden Fall das Leben der Hinterbliebenen noch schwerer. Statt mit ihnen zu reden, wie es ihnen ergeht, was sie bewegt, wird über sie geredet. Und das beendet in der Regel auch die persönlichen Kontakte und trägt zur Vereinsamung bei.

DIE BETROFFENEN IN DIESER ZEIT UNTERSTÜTZEN

Wer andere in der Trauer begleiten will, braucht einen langen Atem und zuweilen Geduld. Denn wenn Trauernde auch von Station zu Station fortschreiten auf dem langen Weg der Trauer, kann es schon einmal vorkommen, dass sie zu einer Station zurückkehren, von der die Mitwelt gemeint hat, sie sei schon überwunden. Akzeptieren, was gerade dran ist, ist daher das oberste Gebot. Nichts verändern oder beschleunigen zu wollen. Auch Sätze „Du wirst schon wieder jemanden finden" sind nicht nur in dieser Zeit unangebracht, wenn ein Partner, eine Partnerin verstorben ist. „Du kannst ja wieder schwanger werden" beim Tod eines Kindes oder einer Fehlgeburt ebenso.

Wenn Trauernde weiterhin wie gewohnt zu den gemeinsamen Unternehmungen eingeladen werden, wird ein Stück Normalität in unnormalen Zeiten lebbar. Dabei geht es nicht um Mitleid mit der armen Witwe, dem verlassenen Witwer. Sondern um die Person, die ja auch nach einem schweren Verlust mehr ausmacht als die momentane Trauer, das aktuelle Leid. Wenn es früher üblich war, dass alle etwas zu den gemeinsamen Unternehmungen beigetragen haben, kann man auch jetzt bei der Verteilung von Aufgaben bleiben. Ja, man kann Trauernden zumuten, etwas für gemeinsame Unternehmungen beizusteuern. Was auch immer gerade dran ist und auch unter normalen Umständen erbeten würde. Allerdings ist eine kurzfristige Absage zu akzeptieren, wenn gerade an diesem Tag das heulende Elend wieder einmal alles wegschwemmt. Mit der Übernahme einer Aufgabe wird es wahrscheinlich seltener eine Absage geben.

Und immer und immer wieder „Wie geht es dir heute?" zu fragen, öffnet die Möglichkeit, nicht allgemein zu reden, sondern zu erzählen, was gerade am Köcheln, in Bewegung ist. Dazu muss freilich die Frage ernstgemeint sein und Zeit für die Antwort eingeplant werden. Geduld ist gefragt beim Mitgehen auf dem Weg der Trauer.

Niemand muss in der Begegnung mit den Hinterbliebenen krampfhaft vermeiden, den Namen des Verstorbenen, der Verstorbenen zu nennen. Wenn eine Erinnerung auftaucht, kann man sie fröhlich erzählen.

Zuletzt noch ein schwieriger Aspekt: Immer wieder berichten mir Frauen im jüngeren oder mittleren Alter, dass sie nach dem Tod des Partners von Frauen in einer Partnerschaft als Gefahr wahrgenommen werden: Sie könnten vergebene Männer verführen. Er könnte sich zu ihr, die nun ja frei verfügbar ist, hingezogen fühlen. So habe ich es erlebt. So erzählen mir andere Frauen, die früh verwitwet sind. Das führt dazu, dass die Betroffenen sich isolieren, zurückziehen. Weil sie sich in einer Gesellschaft, die sie so wahrnimmt, nicht wohlfühlen. Sich über die eigenen Gedanken und Gefühle klar zu werden, kann hier schon helfen, die Situation zu entspannen. Denn Gefühle sind ja nicht böse. Gefühle kommen und gehen. Wie jemand damit umgeht, ist entscheidend. Bei hochbetagten Frauen ist das anders. Dass sie als Witwe zurückbleiben, scheint „normal" zu sein.

Mit Männern, die verwitwet zurückbleiben, gehen Freunde und Bekannte nach meiner Wahrnehmung ganz anders um. Er wird zum Essen eingeladen, denn jetzt ist ja niemand mehr da, der für ihn kocht. Wieso nimmt man immer noch an, dass ein Mann das nicht kann? Man lädt für ihn eine alleinstehende Frau ein, die vielleicht … Haben früh verwitwete Männer dann auch noch ein Kind oder mehrere Kinder zu versorgen, ist ihnen das Mitgefühl und die Bewunderung der Mitwelt gewiss. Bei Frauen scheint es selbstverständlich und normal zu sein, dass sie alles allein schupfen.

Noch ein Hinweis, der vielleicht auch selbstverständlich erscheint: Wer andere in der Trauer ein Stück des Weges begleitet, wer sich ab und zu Zeit nimmt und zuhört, sollte keine Dankbarkeit erwarten. Ich sehe das, was Menschen einander an Unterstützung geben, nicht als ein Hin und Her. Also nicht „Jetzt habe ich dir geholfen, das nächste Mal bist dann du dran" – überspitzt formuliert. Ich erlebe es als eine Art Wanderpokal, der von Hand zu Hand geht. Es ist wie eine Kette der helfenden Hände und Herzen. Weil mir geholfen wurde in schlimmen Zeiten, bin ich offen und bereit, anderen zu helfen. Auch denen, von denen ich keine „Retourhilfe" erwarten kann. Diese Haltung befreit beide – Helfende und Hilfsbedürftige.

V.

KINDER UND TOD

BEOBACHTUNGEN AUS DER PRAXIS UND EIN SCHNELLER BLICK INS INTERNET

Wenn ich mit Angehörigen die Trauerfeier plane, frage ich gleich zu Beginn: „Werden Kinder an der Trauerfeier teilnehmen?" Oft heißt es dann, dass die Kinder an diesem Tag anderswo untergebracht sind. Denn: „So eine Beerdigung ist nichts für Kinder." Ich frage weiter: „Wie sagen Sie den Kindern, dass die verstorbene Person nicht mehr da ist?" Noch nie bekam ich dann zur Antwort: „Wir sagen, die Oma, der Papa, die Mama, die Tante, der Onkel … ist gestorben." Das Wort „tot" kommt in diesem Zusammenhang auch nicht vor. (Nebenbei bemerkt sprechen auch Erwachsene unter sich lieber vom „Ableben" als vom Tod.)

Stattdessen hören die Kinder dann, dass der verstorbene Mensch „im Himmel beim lieben

Gott" ist oder „ein Engel bei Gott". Dazu kommen weniger religiös geprägte Antworten wie: „Sie ist jetzt ein Stern am Himmel und schaut jeden Abend zu uns herunter." Nun frage ich nach: „Glauben Sie, dass die Verstorbenen bei Gott im Himmel sind?" „Nein!" Auch das mit dem Engel glauben sie nicht. Aber für die Kinder sei es doch ein schöner Gedanke.

Nun, ich selbst glaube, wie schon erwähnt, auch nicht, dass unsere Verstorbenen Engel im Himmel sind. Oder als Sterne am Firmament auf uns herableuchten. Ich habe kein Problem damit, dass die Menschen das nicht glauben. Schwierig hingegen finde ich, dass wohlmeinende Menschen ihren Kindern Geschichten zumuten, die sie selbst nicht glauben.

Aber Kinder lassen sich nicht so leicht etwas vormachen. Mit ihrer eigenen Logik entlarven sie die Schwachstellen von Geschichten, die ihnen die Erwachsenen erzählen.

Ein kleines, feines Beispiel erzählt Gisela Viertel in ihrer Leserzuschrift in der Wochenzeitung „Die Zeit" vom 25. Februar 2021. Sie bespricht mit ihren Enkelinnen, wo sie, die eine unheilbare Krebserkrankung hat, nach dem Tod sein werde. Sie einigen sich darauf, dass sie „im Himmel auf einer Wolke weilen" und sie sich um die verstorbenen Haustiere – Hase, Hund und das kürzlich verstorbene Pony – kümmern wird. An einem Wintertag mit außergewöhnlich viel Schneefall und einer entsprechenden Erklärung dazu hat ihr vierjähriges Enkelkind Sorge, dass auch die Toten bald vom Himmel fallen könnten.

Nachdem Menschen sich immer öfter Rat im Internet suchen, wenn gerade keine kompetente Person für ein Gespräch in der Nähe ist, erlaube ich mir einen kritischen Blick auf entsprechende Seiten. Kaum mehr als einen Klick braucht es, um ein riesiges Angebot zum Thema „Wie rede ich mit meinem Kind über den Tod eines Angehörigen?" zu finden. Ich habe mich ein wenig umgeschaut. Meine Recherche erhebt nicht den Anspruch auf Vollständigkeit.

Da gibt es z. B. das Forum „Echte Mamas". Es nennt sich selbst „Die größte Community für Mütter in Deutschland, Österreich und der Schweiz" mit angeblich 1.000.000 Mitgliedern. Dort schreibt Julia Jung, wie sie mit ihrer fünfjährigen Tochter nach dem Tod des Großvaters über dessen neuen Aufenthaltsort, den Himmel, geredet hat. Als das Kind fragte, was es denn im Himmel zu essen gäbe, gab sie zur Antwort: „Also zu essen gibt es im Himmel alles, was man will. Auch Süßigkeiten!" Sie schließt ihre Abhandlung: „Und ich dachte nach. Das mit den Sü-ßigkeiten konnte ich so stehen lassen. Sollte mir doch jemand mal das Gegenteil beweisen! […] Ich persönlich glaube aber nichts, sondern lasse es auf mich zukommen."

Eine umfangreiche Broschüre wendet sich an Angehörige von Patienten und Patientinnen, die in einem der Krankenhäuser der Vinzenz Gruppe verstorben sind. Dort werden auch typische Aussagen von Erwachsenen gegenüber Kindern kritisch betrachtet. Von dem Satz „Der liebe Gott hat Oma zu sich geholt" wird abgeraten. Das könne Ängste schüren. In Österreich ist die Vinzenz Gruppe ein angesehener Dachverband von Spitälern, die von fünf katholischen Orden betrieben werden.

Der kurze Überblick hat für mich ein überraschendes Ergebnis gebracht: Vom Himmel als Aufenthaltsort für die Toten scheinen heute eher Menschen zu sprechen, die von sich selbst sagen, dass sie das nicht glauben. Die über den Verdacht des Unglaubens erhabene Vinzenz Gruppe empfiehlt hingegen den „lieben Gott", der die Oma holt, gegenüber Kindern im Falle des Todes eines Angehörigen aus dem Spiel zu lassen.

NOCH EINMAL EIN BISSCHEN BIOGRAPHIE

Fünf Monate nach der Geburt unseres zweiten Kindes starb wie schon zuvor erwähnt mein Mann und der Vater der Kinder bei einem Unfall. Unsere Tochter war fünf Jahre alt. Ich teilte ihr weinend mit, dass der Papa tot sei, und wir ihn nie mehr sehen würden. Sie nahm es zur Kenntnis. Schweigend. Nachdenklich.

In den ersten Tagen danach versuchte sie, ihre Welt, die durch den Tod des sehr präsenten und engagierten Vaters durcheinandergeraten war, neu zu ordnen. Jeden Mann, der in unsere Wohnung kam, und sei es nur der Briefträger, fragte sie, ob er nicht ab jetzt in Papas Bett schlafen wolle. Das sei nämlich frei. Ganz besonders beschäftigte sie die Frage, wer ihr nun das Schlauchboot kaufen würde, das ihr der Papa versprochen hatte. Kein einziges Mal fragte sie, wo der Papa denn sei. Es zählte nur, dass er nicht mehr, nie mehr da sein würde.

Am Abend beteten wir wie gewohnt für die Menschen, die ihr wichtig waren. Menschen, denen sie an diesem Tag begegnet war. Den Vater nannte sie nicht. Am deutlichsten reagierte sie auf den Verlust, wenn wir mit befreundeten Familien zusammentrafen und die Väter auch dabei waren. Da erstarrte sie, wurde blass und wich nicht von meiner Seite. Ein Verhalten, das ich vorher bei ihr nicht wahrgenommen hatte. War sie doch ein echter Wirbelwind gewesen.

Sie spürte wohl auch meine eigene Überforderung in dieser Zeit. Hingebungsvoll kümmerte sie sich um den kleinen Bruder und war ein unglaublich braves Kind, obwohl ich Bravsein nicht von ihr gefordert hatte.

Kinder reagieren auf den Tod eines Familienmitglieds sehr unterschiedlich, wie Annas Geschichte deutlich zeigt. Der kleine Sohn im Kindergartenalter konnte sich leichter in sein neues Leben einfügen als der Zwölfjährige, der die tote Mutter aufgefunden hatte und den kleinen Bruder in dieser Situation umsichtig versorgt hatte. Er akzeptierte keinen „Ersatz". Es brauchte wohl viel Verständnis und Geduld, sein Verhalten nicht persönlich zu nehmen, sondern als Ausdruck seiner großen Not.

KINDER BEI DER BESTATTUNG

Immer wieder stehen Menschen vor der Frage, ob sie Kinder zu einer Beerdigung oder Verabschiedung mitnehmen sollen.

Ich meine, dass nichts dagegenspricht, wenn man für die entsprechenden Rahmenbedingungen sorgt. Hier können Freunde und Freundinnen den Eltern der Kinder Freiraum verschaffen, dass sie trauern und dem Abschied mit ungeteilter Aufmerksamkeit folgen können. „Ich übernehme die Kinder während der Trauerfeier und vielleicht auch noch ein paar Stunden danach", entlastet und gibt den Kindern die Möglichkeit auf ihre Weise die Situation zu erleben. Wenn es den Kindern zu viel wird und sie sich entfernen wollen, ist das möglich. Wenn sie Fragen haben zu dem, was hier geschieht, ist jemand da, der bereit und fähig ist, zu antworten. Die Kinder müssen dann auch nicht in vorderster Reihe, mittendrin in der Atmosphäre der Trauer und Verzweiflung sein. Sie können von weiter hinten, mit genau dem Abstand, der für sie passt, an der Hand einer vertrauten Person dabei sein.

Falls die Kinder getauft sind, könnten sie auch ihre Taufkerzen mitbringen und während der Feier entzünden. Das sollte jedoch mit dem oder der zuständigen Person für die Trauerfeier besprochen werden. Es sollte dann für jedes teilnehmende Kind eine Kerze bereitgehalten werden.

KINDER BEHUTSAM EINBEZIEHEN

Kinder wollen mit einbezogen werden in das Geschehen in der Familie und um sie herum. Ganz gleich, um welches Ereignis es sich handelt. Das gibt ihnen Klarheit und Sicherheit in jedem Alter.

Die Art und Weise, wie sie im Fall des Todes einer nahestehenden Person einbezogen werden können, hängt natürlich vom Alter und Entwicklungstand ab.

Kinder im Kindergarten können zum Beispiel jedes Mal die Farbe der Kerze aussuchen, die beim Friedhofsbesuch in der Laterne am Grab angezündet wird. Da mag es dann zu ungewöhnlichen Farbspielen kommen. Aber warum soll die Kerze in der Grablaterne nicht auch einmal bunt sein? Wer Zeit und das entsprechende Talent hat, kann die Kerze mit dem Kind sogar noch mit Knetwachs verzieren. So wird der Besuch am Grab zu einem positiven Erlebnis, trotz aller Trauer.

Als der Vater von Monika starb, war das Mädchen zwölf Jahre alt. Die Mutter nahm sie mit zum Bestattungsunternehmen, um die Beerdigung zu planen. Monika durfte mitentscheiden bei der Auswahl des Sarges und der Gestaltung des Partezettels. Später entwarfen sie und ihre Mutter gemeinsam den Grabstein und verhandelten auch gemeinsam mit dem Steinmetz über die Details. Selbstverständlich war sie auch dabei, als ich bei einem Hausbesuch den Ablauf der Trauerfeier mit der Witwe vorbereitete. Der Einwand, dass so ein junges Kind doch solche Dinge nicht entscheiden könne, ist hier fehl am Platz. Denn natürlich hat die Mutter am Ende die Entscheidungen getroffen. Die Tochter konnte aber mitreden, sie war einbezogen in den Verlauf der Dinge und die eine oder andere Idee von ihr ist mit eingeflossen.

Wie selbstverständlich, ja ungeniert, Kinder mit dem Tod umgehen, erzählt Josef: Die Urne seiner Frau steht bei ihm in der Wohnung am Klavier. Wenn die Enkelkinder auf Besuch kommen, dann sagen sie: „Hier ist die Asche von Oma" und streicheln die Urne. Offenbar erschreckt die Enkelkinder die Vorstellung nicht, dass von Oma nur noch ein Häufchen Asche über ist. Allerdings ist sie früh verstorben. Die Kinder haben also keine Erinnerung an sie.

VI.

BERICHTE
VON BETROFFENEN

ANNA – DAS LEBEN GEHT WEITER

Wiener Zentralfriedhof – Halle 1: Der Raum ist zum Bersten voll, die Menschen stehen bis auf den Gang hinaus. Für die nächsten Angehörigen sind ein paar Reihen mit Sesseln, ganz vorne sitzen zwei Kinder, ein Mann in den Vierzigern, eine ältere Frau – die Söhne, der Bruder, die Mutter der Toten, starr, tränenlos. Auf dem Sarg und rund um diesen Dutzende Kränze, große, teure Kränze. „unserer Toni", „Leb wohl, Toni" und Ähnliches steht auf den Kranzschleifen.

Wer war diese Toni, die da in großem Stil verabschiedet wurde? Antonia, 42 Jahre alt. Keine Prominente, keine VIP, einfach eine Frau, die ganz in ihren Beziehungen zu anderen Menschen aufgegangen war, die ihre Freundschaften zum Lebensmittelpunkt gemacht hatte. Und es wurde ihr gedankt. Wo immer sie hinkam, wurde sie freudig begrüßt, überall war sie bekannt und beliebt. „Toni, Toni"… Ihre Wurzeln waren durchaus bürgerlich, ihr Charakter eher aufmüpfig und vor allem absolut vorurteilsfrei. Ihr Studium interessierte sie und sie konnte über medizinische Probleme reden wie ein ganzes Professorenkollegium. Aber wenn es darum ging, sich hinzusetzen, um für eine Prüfung zu lernen, gab es sicher etwas viel Wichtigeres zu tun: die Katze einer Freundin zum Tierarzt bringen, einer alten Dame vorlesen, einem in die Krise geratenes Paar zuhören, Leuten, die sie kaum kannte, beim Umzug helfen … Neben den immer wieder neuen Anläufen, das Studium doch zu beenden, hatte sie alle möglichen Jobs. Und die machte sie gut, denn, wenn es nicht gerade um ihr eigenes Leben ging, hatte sie ein ausgesprochenes Organisationstalent, kam auch mit den schwierigsten Menschen gut aus und war sich für keine Arbeit zu schade. Ihren beiden Buben, Alexander und dem sechs Jahre jüngeren Paul, war Antonia eine liebevolle, geradezu vorbildliche Mutter. Und so lebten sie dahin bis zu jenem Tag, der Anna (Antonias Mutter) auch viele Jahre später noch in allen Einzelheiten ins Gedächtnis gebrannt blieb.

Es war gegen halb acht Uhr, als das Telefon läutete, Anna nahm ab und hörte ihren Enkelsohn

Alexander sagen: „Die Mama …" – „Was ist mit der Mama?", fragte Anna eher ungeduldig, denn sie war in Eile. Doch Alexander redete nicht weiter. Schließlich übernahm der Untermieter: „Der Notarzt ist bei ihr und versucht, sie zu reanimieren." Am Weg fragte sich Anna immer wieder, was dieser Satz wohl bedeuten könne. Als Anna in der Wohnung ihrer Tochter Antonia ankam, trat der Notarzt gerade aus dem Zimmer und sagte: „Die Dame ist verstorben." Alexander hatte sie sterbend vorgefunden, den Untermieter zur Hilfe geholt, der auch den Notarzt verständigt hatte. Dann richtete der Zwölfjährige seinem kleinen Bruder ein Frühstück und half ihm beim Anziehen. Annas Mann war inzwischen auch gekommen und brachte den Kleinen in die Schule (er ging gerade in die erste Klasse) – was passiert war, wollte man dem Kind erst später sagen. Alexander blieb bei seiner Mutter in deren Zimmer. In den nächsten Stunden kamen und gingen alle möglichen Personen, Polizisten, eine Psychologin vom städtischen Hilfsdienst, die zweite Großmutter. Die war eine praktische Frau, sie versuchte zuerst ein bisschen Ordnung zu machen und nahm schließlich Alexander mit, um ihm ein Frühstück zu kaufen. Anna saß die ganze Zeit über wie gelähmt in der Küche. Endlich raffte sie sich auf – die Tote war inzwischen abgeholt worden –, bat den Untermieter, sich um die Katze und die Meerschweinchen zu kümmern und suchte ein paar Sachen für die Kinder zusammen, denn eines war ihr in dem ganzen Chaos klar: das Zuhause der Kinder würde von nun an bei ihnen sein, bei ihr und ihrem Mann, zu dem die beiden von Anfang an „Großvater" gesagt hatten, wenn er auch nicht der leibliche Großvater war. Am späten Nachmittag, als Paul von der Schule abgeholt worden war, übernahm es Alexander auf eigenen Wunsch, dem Kleinen zu sagen, dass seine Mama tot war. Zum Glück war auch die Psychologin wieder gekommen und konnte den Schock dieser mit aller Direktheit gemachten Mitteilung ein bisschen mildern. Alexander hatte übrigens auch das Handy seiner Mutter an sich genommen und bestand darauf, die zahlreichen Anrufer selbst zu informieren!

Am nächsten Tag ging auch Alexander wieder in die Schule. Mit seinen besten Freunden konnte er reden, überhaupt wurden die Freunde mehr und mehr zu seinem eigentlichen Zuhause. In der Familie wurde er zunehmend distanziert bis abweisend, ja aggressiv. Er ertrug es nicht, dass von seiner Mutter gesprochen wurde, sogar den kleinen Paul fuhr er grob an, wenn der einmal etwas von der Mama sagen wollte: „Halt den Mund!". Eine Lehrerin hat Anna gegenüber die Situation so auf den Punkt gebracht: „Seine Mutter war jung und ist tot, wir sind alt und leben. Dafür hasst er uns." Die Großmutter in ihrer Rolle als Mutter zu akzeptieren, ihr gar Sympathie zu zeigen, wäre ihm offenbar wie ein Verrat an der eigenen Mutter vorgekommen. Paul, der kleine Paul, der immer an der Kittelfalte der Mama gehangen war, konnte mit dem Verlust offenbar besser umgehen und kam ganz unbefangen zur Großmutter kuscheln, während Alexander sich auch nicht das flüchtigste Begrüßungsbussi abringen konnte. Mittlerweile hat er seinen Frieden mit der Großmutter gemacht, aber das hat lange, schmerzliche Jahre gedauert.

In den folgenden Wochen und Monaten kam Anna kaum zum Nachdenken, weder über den Tod ihrer Tochter noch über ihre eigene Befindlichkeit. Sie musste sich nicht nur an die neue Situation gewöhnen. Aus dem beschaulichen Pensionistenhaushalt war plötzlich ein Unternehmen mit, zuzüglich zu den zwei Erwachsenen, zwei Schulkindern, einer Katze und zwei Meerschweinchen geworden. Und für die musste vor allem Wohnraum geschaffen werden. Es war Anna gelungen, eine angrenzende kleine Wohnung zu erwerben, wobei man nur andeutungsweise erahnen kann, wie viele Anrufe, Briefe, Bank- und Behördengänge und sonstige Wege damit verbunden waren. Dann musste der so gewonnene Raum adaptiert und eingerichtet werden. Es war eine nervenaufreibende Zeit, in der Anna aber auch viel Freundschaft und Hilfsbereitschaft erfahren hat. Aber auch später, als sich das neue Leben einigermaßen eingespielt hatte, kam Anna nicht viel zur Ruhe. Vier Personen sind doch mehr als doppelt so viele wie zwei, die Katze musste geimpft, die Lehrer immer wieder gnädig gestimmt und der Meerschweinchenkäfig geputzt werden … In dieser Zeit war Anna oft geradezu wütend auf Antonia, denn sie wollte gerne wieder ihr eigenes Leben und nicht das ihrer Tochter führen. Sie wollte wieder sie selbst sein, Mutter zweier erwachsener Kinder, begeisterte Großmutter ihrer Enkel und darüber hinaus mit einer ganzen Reihe von Interessen und Tätigkeiten. Sie wollte mit ihrem Mann ausgehen können, ohne erst einen Babysitter engagieren zu müssen, und außerhalb der Schulferien verreisen. Andererseits, jedes Mal, wenn ihr etwas besonders Schönes begegnete, der Gesang der ersten Amsel im Frühling zum Beispiel, zerriss es ihr das Herz: „Antonia kann das alles nicht sehen, hören, schmecken. Nie mehr. Antonia ist tot, tot, tot."

Anna fühlte sich allein gelassen. Für ihren Mann war es so selbstverständlich gewesen, dass sie beide die Kinder bei sich aufnehmen würden, dass darüber nicht einmal ein Wort verloren worden war, obwohl diese erweiterte Großvaterrolle doch auch seinen Alltag gehörig durcheinandergebracht hatte. Aber über ihren Schmerz reden konnte sie mit ihm nicht. Nicht weil er kein Verständnis dafür gehabt hätte, aber mit ihm drüber reden, das ging einfach nicht. Und der Sohn, ein liebevoller, guter Sohn, war weit weg. Tonis Freundinnen, von denen einige nach wie vor den Kontakt zu Anna aufrecht hielten, waren nur bedingt hilfreich. Bereits bei der Beerdigung hatte Anna das Gefühl gehabt, dass all die Menschen, die sie da umarmten, nicht ihren, Annas Schmerz meinten, sondern den eigenen. Die wollten nicht trösten, die wollten getröstet werden, die erwarteten von ihr, dass sie ihnen das Unfassbare begreiflich machte. Am Friedhof hatte sie aus der Rolle, die ihr da zuteilwurde, noch eine gewisse Kraft schöpfen können, viel mehr als aus den Worten des Pfarrers. Der hatte mit dem, was sie ihm über ihre Tochter gesagt hatte, offenbar nicht viel anfangen können und daher bei den einschlägigen Bibelsprüchen Zuflucht genommen, und Anna hatte nur mehr einen Wunsch gehabt: „Er soll endlich still sein, Antonia ist tot, unwiderruflich." Später aber, wenn die Freundinnen zu ihr kamen, um sich von ihr trösten zu lassen, weil Toni ihnen doch immer noch so fehlte, hätte sie ihnen am liebsten entgegengeschleudert: „Na glaubt ihr vielleicht, mir nicht?!"

Die Jahre sind ins Land gezogen, Anna hat eine neue Abnabelungserfahrung machen müssen: Die Kinder sind groß geworden, haben die Schule hinter sich gebracht und sind mit ihrem Studium beschäftigt. Auch Paul, der kleine Paul, mittlerweile 1,95 m groß, wohnt nicht mehr bei den Großeltern. Die Kinder fehlen Anna, aber jedenfalls hat sie „ihr eigenes Leben", wie sie das genannt hatte, zurück, wenn es auch nicht mehr ganz das alte ist, schließlich sind fast 15 Jahre vergangen. Immerhin hat sie jetzt wieder Zeit für sich, kann ungehindert ihren Interessen nachgehen und hat auch Muße, über Vergangenes nachzudenken, auch ihr Verhältnis zu ihrer Tochter Revue passieren zu lassen. Und eigentlich, meint sie, war dieses Verhältnis recht innig. Sie waren beide vom Charakter her sehr verschieden, hatten in kaum einer Beziehung den gleichen Geschmack, aber das hinderte sie nicht daran, fast täglich miteinander zumindest zu telefonieren, einander mehrmals in der Woche zu besuchen. Natürlich gab es auch Reibereien und Auseinandersetzungen: Anna hatte keinen Hehl daraus gemacht, dass sie sich von Antonia mehr Zielstrebigkeit gewünscht hätte oder dass sie auch bezüglich Ordnung recht unterschiedliche Ansichten hatte. Auch störte es sie, dass Antonia so wenig Wert auf ihr Äußeres legte und sagte das auch in aller Deutlichkeit. Aber sie hatte gemeint, das sei ihr gutes Recht als Mutter und Antonia schien auch nicht unter der mütterlichen Kritik zu leiden oder sich von ihr unter Druck gesetzt zu fühlen. Oder doch? In den letzten Monaten hatte Anna das Gefühl gehabt, als würde Antonia von ihr abrücken. Sie kam seltener und wenn, war sie immer in Eile, wirkte irgendwie abwesend. War das eine späte Reaktion auf ihr, Annas, Verhalten? Aber warum jetzt plötzlich, bisher war das doch nie ein wirkliches Problem gewesen? Hatte sie die Wirkung ihrer Nörgeleien, ihrer Kritik, die ganze Zeit über doch unterschätzt? Oder gab es da etwas anderes, etwas, das mit ihr gar nichts zu tun hatte und das Antonia bedrückte, belastete und von der Mutter entfernte. Und wenn es so etwas gab, was konnte es gewesen sein? Warum konnte sie nicht darüber, wenigstens andeutungsweise, reden? Oder bildete sich Anna das alles nur ein? Oder doch nicht? Lastete wirklich ein Druck auf Antonia, war der so stark, dass sie schließlich daran starb? Anna weiß, dass sie auf diese Fragen niemals eine Antwort bekommen wird. Und selbst wenn, was würde es ändern?

Auf dem kleinen Schreibtisch in ihrem Wohnzimmer steht ein gerahmtes Foto, das Bild einer trotzig blickenden Siebzehnjährigen. Anna blickt es an und seufzt „Toni, mein Tonikind!", und es ist unbegreiflich und tut weh wie am ersten Tag.

JOSEF – DIE URNE STEHT AM KLAVIER

Als sie einander – via „love.at" im Internet – im Jahr 1999 gefunden hatten, schrieben sie eine ganze Weile miteinander. Und so haben sie auch viel voneinander erfahren, natürlich, ohne zu wissen, ob das, was der jeweils andere über sich berichtete, auch wirklich stimmte. Aber so, wie es sich darstelle, musste es wohl stimmen. Und so haben sie einander dann an der damaligen U3-Endstelle Erdberg getroffen: Josef war schon am Bahnsteig – und Hildegard kam die Treppe herunter. Obwohl sie einander noch nie gesehen hatten, wussten sie sofort: Das ist sie, das ist er…

Josef ging es damals finanziell ziemlich schlecht und als Hildegard mit ihm durch den grünen Prater spazierte und dort zum Essen in den wunderbaren Gastgarten der „Gösser Bierinsel" wollte, musste er ihr sagen: „Ich kann es mir nicht leisten." Doch sie hat ihn einfach zum Essen und Trinken eingeladen. Es wurde nicht bloß ein herrlicher Spaziergang, sondern auch ein herrlicher Augen-, Hör- und Geschmacksschmaus, der damit endete, dass sie gemeinsam in der Wohnung von Hildegard landeten …

Kurz darauf kam die Hiobsbotschaft: Hildegard wäre an einem äußerst aggressiven Tumor an der Brust erkrankt. Gemeinsam bei der Ärztin, wurde ihnen eröffnet, dass wohl keine Heilung zu erwarten sei. So haben sie alles raschest in die Wege geleitet, um zu heiraten.

Hildegard, überzeugte Atheistin, und Josef, überzeugter Katholik, haben dann vereinbart, „wenn alles gut vorbeigeht" einander auch in der Kirche das Jawort zu geben, was im Oktober – nach Chemotherapie, Operation und Bestrahlung – auch geschah. Laut den Ärzten war wider alle Erfahrung zum damaligen Zeitpunkt kein Krebsgeschehen mehr zu finden.

Es wurden knapp 20 Jahre intensiven Zusammenlebens.

Dann, Ende 2017, kam der Krebs wieder. Schon die erste Untersuchung brachte die Nachricht, dass im Rückenmark und im Gehirn Metastasen wucherten. Nach zwei Monaten war die Medizin mit ihrem Latein am Ende – Hildegard starb am 24. Februar 2018 um 19.50 Uhr.

Bis zum Begräbnis war Josef wie in Trance damit beschäftigt, ein ehrendes Begräbnis zu organisieren. Mehr als 300 Freunde und Freundinnen nahmen von Hildegard Abschied. In sehr persönlichen Ansprachen wurde sie gewürdigt. Die Urne steht nun bei ihm in der Wohnung am Klavier. Wenn die Enkelkinder kommen, dann sagen sie: „Hier ist die Asche von Oma", und streicheln die Urne. Sie stellt keine Beeinträchtigung des Lebens dar. Sie ist künstlerische und emotionale Freude.

Nach drei Jahren vermisst Josef die Nähe von Hildegard immer noch. Das Händchenhalten, die Wärme des Beieinanderseins, der Austausch von Gedanken, Freuden und Ängsten fehlen sehr.

Er hat sich der Erinnerungsarbeit an seine in ihrem Fachbereich engagierte und weithin anerkannte Frau verschrieben. Sein Ziel ist es, dass die Erinnerung an sie in der Öffentlichkeit nicht endet. So ist es gelungen, eine Gedenktafel an dem Haus, in dem sie gemeinsam wohnten und er noch immer wohnt, anbringen zu lassen und in einer würdigen Feier zu enthüllen. Ein Bildungscampus, eine Straße und ein Wohnhaus werden demnächst an sie erinnern. Von seinem Herkunftsbundesland gibt es eine „virtuelle Gedenktafel" auf der Homepage. Josef findet es merkwürdig, dass Hildegards Geburtsstadt sich noch nicht dazu bewegen hat lassen, die „berühmte Tochter der Stadt" zu ehren. Die viele Arbeit, die es brauchte, um das öffentliche Gedenken zu ermöglichen, hat ihm bei der Bewältigung der neuen Situation geholfen.

Josef bleibt mit Hildegard verbunden. Und er ist fest davon überzeugt, dass auch sie diese Verbindung spürt. Ohne dass einer von ihnen eingeengt wäre. Weder durch Nicht-Loslassen noch durch Einigeln in Trauer und Einsamkeit. Einsamkeit habe er nie empfunden, sagt er. Hildegard sei immer bei ihm. Die Trauer um sie ist das Eine. Dennoch geht er gerne aus, wandert viel, unternimmt Reisen. Und kann sich an all dem erfreuen. Das Leben mit Speis und Trank (daheim wie im Wirtshaus oder beim Heurigen), Musik, Theater, Oper … genießt er. Auch ist er offen für eine eventuelle neue Partnerschaft. Er ist sich sicher, dass Hildegard das alles gutheißt.

Zwei Kinder aus erster Ehe *von* Hildegard und die mittlerweile vier Enkelkinder bereichern zudem sein Leben.

SONJA – WIE KANN MAN DAS ÜBERLEBEN?

Sonja erzählt: „Wie ist das, wenn eines Abends die Polizei bei dir an der Wohnungstür läutet und dir mitteilt, dass deine Tochter tot ist, von zwei Joggern tot im Wald aufgefunden, erhängt? Früher habe ich gedacht, falls mir so etwas passiert, dann falle ich tot um. Einfach so. Vor Schmerz.

Ich habe von solchen Fällen gehört. Sogar in meinem unmittelbaren Umfeld. Der Sohn meines damaligen Vorgesetzten ist im Drogenrausch aus dem Fenster gesprungen. Tot. Der Sohn einer Kollegin ist ebenfalls unter Drogen aus dem Fenster gesprungen. Schwerstbehindert. Der Sohn einer ehemaligen Chefin ist beim Schi fahren unter eine Lawine gekommen. Tot. Wie kann man als Vater oder Mutter so etwas überleben?

Ich würde so ein Schicksal, dass das eigene Kind stirbt, nicht überleben. Das weiß ich ganz sicher. Das kann und darf nicht sein, dass das eigene Kind vor den Eltern stirbt. Ich liebe meine Kinder über alles und würde alles für sie tun oder besser gesagt, tue alles, damit es ihnen gut geht. Und dann steht eines Abends die Polizei in meiner Wohnung und sagt, dass meine Tochter tot ist. Die Welt zerbricht, ich zerbreche. Ich falle tief, sehr tief. Nein, nein, nein, nein! Mein Mann fängt meinen Körper auf und hält mich. Von meinem Sohn, der auch zu Hause ist, bekomme ich nichts mit. Irgendwann, ich glaube, es sind nur wenige Minuten, geht die Polizei unter Beileidsbekundungen wieder, ich glaube, es waren mindestens fünf Beamte.

Rückblick: Meine Tochter war vier Tage zuvor auf Betreiben ihres behandelnden Psychotherapeuten wegen angeblich akuter Suizidgefahr mit der Rettung in die Psychiatrie eingeliefert worden. Sie hat mich an diesem Tag mehrfach vom Krankenhaus über ihr Mobiltelefon angerufen, sie war zutiefst verzweifelt, ich habe ihr zugehört und versucht, sie zu trösten, zu stärken. Ich hatte damals selbst ein gebrochenes Bein und konnte nicht selbständig gehen und Auto fahren. Ich habe gehofft und auch geglaubt, im Krankenhaus wäre sie in Sicherheit, dort würde man ihr helfen. Ich habe ihr versprochen, sie am nächsten Tag im Krankenhaus zu besuchen. Am Abend erreichte mich ein Anruf der Polizei, dass meine Tochter aus dem Krankenhaus abgängig wäre. Die restliche Woche habe ich gebangt und gehofft, dass sie sich meldet oder dass sie wohlauf gefunden wird …

Die Polizei ist wieder gegangen. Ich bin in unserer Wohnung. Ich weine, ich schreie, ich bin völlig außer mir. Erst dann bemerke ich, dass mein Sohn nicht da ist. Ich finde ihn in seinem Zimmer, verkrochen unter der Bettdecke, so wie er es als kleines Kind gemacht hat, wenn er zornig oder traurig war. Mein Sohn ist 21 Jahre alt. ‚Komm zu uns, wir müssen zusammenhalten, du darfst jetzt nicht alleine sein!' Es gelingt mir, ihn dazu zu bewegen, gemeinsam ins Wohnzimmer zu gehen. Ich weine, ich schreie, ich bin völlig außer mir. Mein Mann und mein Sohn sind hilflos, aber sie sind da. Und dann sehe ich mein Mobiltelefon und ich weiß, ich brauche jetzt sofort meine beste Freundin. Mein Mann erreicht sie und sie ist eine halbe Stunde später da. Einfach da, damit ich nicht alleine bin. Jetzt halte ich es auch aus, dass mein Mann und mein Sohn ein bisschen hinaus gehen ins Freie, zu zweit, ohne mich, damit auch sie eine Chance haben, mit der Situation klarzukommen. Ich habe keine Ahnung, wie lange sie weg sind, wie lange meine Freundin bleibt, einige Stunden wahrscheinlich, irgendwann weiß ich, dass ich nicht tot umgefallen bin, dass ich auch nicht tot umfallen sollte, ich habe noch eine Familie, obwohl sich meine Tochter das Leben genommen hat, und ich habe meine beste Freundin. Ich weiß, dass ich jetzt sehr vielen Menschen mitteilen muss, was da Unaussprechliches geschehen ist. Mein Mann versucht Menschen, die mir und meiner Tochter besonders nahestehen, telefonisch zu erreichen. Ich weiß, dass einige dieser Menschen jetzt den gleichen Schmerz fühlen werden wie ich. Auch das tut unendlich weh.

Ich habe seit diesem Tag, an dem ich bereits vier Tage lang auf ein Lebenszeichen meiner Tochter gewartet hatte – nachdem sie aus dem Krankenhaus einfach so entweichen konnte – ein Schlafmittel zu Hause, ‚zur Vorsicht‘. Ein Psychiater der Kriseninterventionsstelle hat es mir verschrieben. Ich habe noch nie zuvor ein Schlafmittel genommen. Die ersten Nächte kann ich immerhin ein paar Stunden schlafen, solange das Medikament wirkt.

Wie überlebe ich die folgende Zeit? Jeden Tag kommt eine meiner Freundinnen zu mir und ist einfach da. Spricht mit mir, weint mit mir, hört mir zu, bringt etwas zu essen mit, bringt Blumen, sitzt mit mir auf der Terrasse und erträgt meinen unfassbaren Schmerz. Freundinnen und Freunde meiner Tochter kommen oder rufen mich an oder schreiben mir. Und meine Familie ist da, genauso hilflos wie ich, aber da. Ich bekomme Briefe von Menschen, die ich noch nie gesehen habe, die meine Tochter gekannt haben und die mir von ihr erzählen. Eine liebe Freundin malt ein Bild für meine Tochter und mich und schickt es mir, es bekommt sofort einen besonderen Platz in unserem Wohnzimmer. Ich habe gar nicht gewusst, dass ich so viele großartige Menschen kenne, die mich stützen, die kommen, wenn ich sie darum bitte, die akzeptieren, wenn ich jetzt über nichts sprechen kann, sie gerade jetzt nicht sehen kann, weil das den Schmerz unerträglich machen würde. Freundinnen, die bereit sind, die Begräbnisfeier mit mir zu gestalten, eine Trauerrede zu halten.

So komisch es klingen mag, aber sogar die sachliche Umgebung des Bestattungsinstituts und die erlernte Empathie des Beamten hilft, diesen unendlichen Schmerz zu ertragen.

Beim Begräbnis weine ich ununterbrochen, aber mein Mann und mein Sohn sitzen neben mir und ich halte ihre Hände, ich halte mich bei ihnen an. So kann ich es überstehen. Weil sie da sind. Und weil diese unzähligen anderen Freunde und Bekannten von uns da sind und mit mir trauern. Und weil einige Musikstücke gespielt werden, die meine Tochter am liebsten auf ihrer geliebten Geige gespielt hat. Und weil eine meiner Freundinnen den Gottesdienst übernommen hat. Und da spüre ich zum ersten Mal, dass es meiner Tochter jetzt hoffentlich gut geht. Obwohl oder gerade weil sie tot ist.

Es ist alles so unwirklich, so unfassbar. Es kann doch gar nicht sein, dass die Asche meiner Tochter da vorne in der Urne ist. Dass sie nicht mehr da ist, ich sie nicht mehr lachen, sprechen, weinen höre. Dass ich sie nicht mehr anfassen und umarmen kann. Aber ich spüre etwas, das mich die Situation ertragen lässt.

Einer, der hier helfen kann, ist Franz von Assisi mit seinem Sonnengesang:

Gelobt seist du, mein Herr,
mit allen deinen Geschöpfen,
zumal dem Herrn Bruder Sonne,
welcher der Tag ist
und durch den du uns leuchtest.
Und schön ist er und strahlend mit großem
Glanz: Von dir, Höchster, ein Sinnbild.

Gelobt seist du, mein Herr,
durch Schwester Mond und die Sterne;
am Himmel hast du sie gebildet, klar und
kostbar und schön.

Gelobt seist du, mein Herr,
durch Bruder Wind und durch Luft und
Wolken und heiteres und jegliches Wetter,
durch das du deinen Geschöpfen Unterhalt
gibst.

Gelobt seist du, mein Herr,
durch Schwester Wasser, gar nützlich ist es
und demütig und kostbar und keusch.

Gelobt seist du, mein Herr,
durch Bruder Feuer, durch das du die Nacht
erleuchtest; und schön ist es und fröhlich
und kraftvoll und stark.

Gelobt seist du, mein Herr,
durch unsere Schwester, Mutter Erde,
die uns erhält und lenkt
und vielfältige Früchte hervorbringt und
bunte Blumen und Kräuter.

Gelobt seist du, mein Herr,
durch unsere Schwester, den leiblichen Tod;
ihm kann kein Mensch lebend entrinnen.
Selig jene, die er findet in deinem heiligsten
Willen, denn der zweite Tod wird ihnen kein
Leid antun.

Am Grab wird dann alles noch konkreter: Jetzt wird meine Tochter neben ihren Großeltern in die Erde gelegt – Asche zu Asche, Staub zu Staub. Ich weine, aber ich bin berührt, all diese lieben Menschen zu sehen, die noch leben und die gekommen sind, um sich von meiner Tochter zu verabschieden, die einfach da sind. Und als die beste Freundin meiner Tochter sich endlich, als schon alle anderen Trauergäste bei mir gewesen sind, zu mir traut und herzzerreißend schluchzt, fühle ich, dass ich sie trösten kann, dass ich sie halten kann, dass gerade in diesem Augenblick ich die Stärkere bin, dass wir uns gegenseitig trösten können, dass wir füreinander da sein können.

Wie vergehen die weiteren Monate? Meine Freunde sind weiterhin für mich da, besuchen mich, hören mir zu, gehen mit mir spazieren, helfen mir, das Haus meiner Tochter auszuräumen, ertragen meinen Schmerz, meine Verzweiflung, meine Wut – ich bin überwältigt von diesen vielen liebevollen Menschen. Nicht mehr jeden Tag, aber das ist gut so. Ich bekomme Besuch von den Freunden meiner Tochter, ich lerne einige davon jetzt erstmals kennen. Später kann ich dann auch weitere meiner Bekannten treffen, manchmal rede ich über das, was passiert ist, manchmal möchte ich einfach über etwas Banales sprechen. Und diese Menschen akzeptieren das. Einfach so.

Ich muss fast immer etwas tun, einfach so herumsitzen, das halte ich gar nicht aus. Auch lesen ist zu wenig aktiv, da werde ich sehr schnell unruhig und muss den Händen oder Füßen eine Aufgabe übertragen. Ich gehe jeden Tag in die Natur. Die Bäume, die Gräser, die Blumen, die Berge, die Erde, das Wasser, die Sonne, der Mond und die Sterne helfen mir, den Schmerz und die Trauer zu ertragen. Ich nehme die Natur so intensiv wahr wie kaum zuvor – wie riecht dieser Wald, wie klingt dieser Bach, welche wunderschöne Form und Farbe hat diese Blume … Die Natur lebt und ich lebe auch noch. Und es sind die scheinbar kleinen Dinge, die mir helfen, nicht unterzugehen.

Wenn ich mich körperlich anstrenge, kann ich nicht über meine Trauer nachdenken, und so fange ich an, regelmäßig in die Sauna und danach ins eiskalte Wasser zu gehen und Krafttraining zu machen, das hilft meinem Körper und meinem Geist. Ich gehe wandern und schwimmen, die Berge und das Wasser tun Körper und Seele gut.

Zu einem ganz wichtigen Teil meiner ‚Therapie‘ wird Kochen und Essen. Frisches Gemüse anzugreifen, zu waschen und zu schneiden ist real, im Hier und Jetzt. Mein Körper sagt zwar, dass er nichts essen will, aber mein Kopf zwingt ihn dazu und ich schmecke unglaublich intensiv, das Essen ist gut.

Ich fange wieder an Musik zu spielen. Die Geige hilft mir, für einige Stunden in einer anderen besseren Welt zu versinken. Und das Musizieren mit lieben Menschen trägt dazu bei, wieder so etwas wie Freude zu empfinden. Die Musik schwingt in mir, mit mir. Ich nehme zum ersten Mal seit 30 Jahren wieder Geigenstunden. Dieses ‚Wieder-Schülerin-Sein‘ bei meiner jungen Geigenlehrerin gibt dem Musizieren eine neue, spannende Perspektive und ich merke, dass ich trotz meines Alters noch immer lernen kann. Ich beginne mit lieben Freunden Kammermusik zu spielen. Auch das gibt mir Halt in dieser schlimmen Zeit.

Ich nehme professionelle Hilfe in Anspruch seit meine Tochter aus dem Krankenhaus abgängig war. Dort lerne ich, mir keine Vorwürfe zu machen, dass ich es nicht verhindern konnte, was sie sich angetan hat, dass ich es nicht verhindern hätte können, dass ich alles Menschenmögliche getan habe, um sie zu unterstützen, dass ich traurig sein darf, aber dass ich auch lachen und fröhlich sein darf, dass ich mein eigenes Leben führen muss, dass es ganz normal ist, dass die Trauer jeden Tag und jede Nacht da ist und nicht einfach so weggeschoben werden kann. Ich lerne, auf mich zu hören und zu fühlen, was bzw. wer mir jetzt gerade guttut, was und wer nicht. Ich lerne, meine Bedürfnisse durchzusetzen. Und ich lerne, liebevoller zu mir selbst zu sein.

Ich bin unglaublich verletzlich, auch wenn ich offenbar nach außen stark wirke. Unsensible oder kränkende Worte und Handlungen treffen mich unmittelbar, ich bin ihnen schutzlos ausgeliefert. Dann sind die Trauer und die Verzweiflung wieder ganz präsent und es kostet viel Kraft, mich zu stabilisieren. Druck und stressige Situationen ertrage ich kaum, ich versuche, sie aktiv zu vermeiden und wenn das doch einmal nicht gelingt, so schnell wie möglich herauszukommen.

Die unendliche Trauer kommt immer wieder, manchmal öfter, manchmal seltener, aus einem bestimmten Anlass oder auch einfach so, ganz unvermutet. Ich muss sie zulassen, warte ab, bis sie sich wieder entfernt und ich im Hier und Jetzt weiterleben kann.

Ich habe realisiert, was die wichtigsten Dinge im Leben sind. Es sind die Beziehungen zu anderen Menschen: gemeinsam etwas Schönes tun, füreinander da sein, einander zuhören, unterstützen und respektieren. Die Natur respektvoll behandeln und wertschätzen und sich an ihrer Schönheit erfreuen. Das Wahre, das Gute und das Schöne wahrnehmen und leben.

Ich mag es, wenn Freunde meiner Tochter mir über schöne Erlebnisse mit ihr erzählen, bei mir selbst sind die Erinnerungen an sie noch mit sehr viel Schmerz verbunden, auch Fotos von ihr kann ich kaum ansehen. Und immer wieder steht da die große Frage ‚Warum?‘, die mir niemand beantworten kann.

Wie geht es mir heute, mehr als ein Jahr nach dem Tod meiner Tochter? Niemand und nichts kann meinen Schmerz wegnehmen, aber es gibt vieles, das hilft, ihn zu akzeptieren und ertragen zu lernen. Und zu erfahren, dass das Leben trotzdem schön sein kann. Wie Viktor Frankl sagt: ‚Trotzdem Ja zum Leben sagen.‘"

DANK

Ich danke Anna, Josef und Sonja – die alle drei anders heißen –, dass sie ihre Erfahrungen mit mir und somit mit allen, die mein Buch lesen, geteilt haben.

LITERATURHINWEISE

Fellinger, Markus: Hilfreich helfen. Soziales Engagement verantwortungsvoll gestalten. Tyrolia-Verlag, Innbruck 2023.

Krautgartner, Brigitte: Hinter den Wolken ist es hell. Von Krankheit und Abschied und dem Glück des Neubeginns. Tyrolia-Verlag, Innsbruck 2022.

Schulz von Thun, Friedemann: Miteinander reden 1–4. Stile, Werte und Persönlichkeitsentwicklung / Das «Innere Team» und situationsgerechte Kommunikation / Fragen und Antworten Taschenbuch – Sonderausgabe. Rowohlt Taschenbuch Verlag, Hamburg 2023.

Thomann, Christoph / Schulz von Thun, Friedemann: Klärungshilfe 1. Handbuch für Therapeuten, Gesprächshelfer und Moderatoren in schwierigen Gesprächen. Rowohlt Taschenbuch Verlag, Reinbek 1997.

Für Kinder:

Hubka, Christine: Wo die Toten zu Hause sind. Tyrolia-Verlag, Innsbruck [8]2022.

Siegers, Marlies: 16 x zum Himmel und zurück. Aus dem Niederländischen von Andrea Kluitmann. Dressler Verlag, Hamburg 2022.

QUELLENNACHWEISE

S. 30 f.: Marti, Kurt: Leichenreden, Hermann Luchterhand Verlag, Neuwied und Berlin 1969.

S. 54–70: Nach: Hubka, Christine: Wo die Toten zu Hause sind, Tyrolia-Verlag, Innsbruck ^{8}2022.

S. 59–61: Krautgartner, Brigitte: Hinter den Wolken ist es hell. Von Krankheit und Abschied und dem Glück des Neubeginns, Tyrolia-Verlag, Innsbruck 2022, S. 48–50.

S. 64: Moser, Doris / Hafner, Fabjan u. a.: Christine Lavant – Gedichte aus dem Nachlass, Wallstein Verlag, Göttingen 2017, S. 496.

S. 91 f.: Die Geschichte vom Tod des Sohnes wurde bereits veröffentlicht in: Hubka, Christine: Im Nachkriegshaus. Eine Wiener Kindheit im Schatten Siebenbürgens, plattform Martinek Verlag, Perchtoldsdorf 2015, S. 108 f.

S. 98–106: Den Ausführungen zu „Kinder und Tod" liegt ein Text zugrunde, der für die Zeitschrift „braunschweiger beiträge für religionspädagogik" (1/23) verfasst wurde. Auf Einzelnachweise wurde in Absprache mit der Braunschweiger Redaktion verzichtet.

S. 99 f.: Vgl. Viertel, Gisela: Was mein Leben reicher macht, 25. Februar 2021, in: Die Zeit (9/21), S. 88.

S. 100 f.: Jung, Julia: Was machen Tote im Himmel?, 23. Jänner 2018, https://www.echtemamas.de/was-machen-tote-im-himmelso-lernte-ich-mit-meiner-tochter-ueber-den-tod-zu-sprechen/ (abgerufen am 25.5.2022).

S. 101: Flad, Barbara / Geiger, Andrea u. a.: Wenn Kinder trauern. Informationen und Hilfestellungen für Eltern. Krankenhaus St. Vinzenz Betriebs GmbH 2014. S. 6, https://khzams.at/media/pdf/TrauerbeiKindernHomepage.pdf (abgerufen am 24.5.2022).

DIE AUTORIN

Christine Hubka studierte evangelische Theologie und war bis zu ihrer Pensionierung Pfarrerin – zuletzt in Wien, wo sie auch Sterbende und deren Familien im Hospiz begleitete. In der Pension ist sie als Gefängnisseelsor-  gerin tätig. Hubka ist Preisträgerin des Bruno-Kreisky-Menschenrechtspreises und hat mehrere erfolgreiche Bücher im Tyrolia-Verlag verfasst. Ihr Kinderbuch „Wo die Toten zu Hause sind" ist in der 8. Auflage.

 **TYROLIA**   www.tyrolia-verlag.at

Hoffnung und Zuversicht
für die Zeit der Trauer

2. Auflage

Petra Hillebrand
Hinter dem Horizont
**Kurzgeschichten und Impulstexte
für Abschied, Tod und Trauer**
Die Geschichten, Gedichte und Zeich-
nungen dieses liebevoll gestalteten
Buches atmen die Erfahrung der
Autorin im Umgang mit Sterbenden
und Trauernden. Die Texte nehmen die
Menschen in ihrer Trauer ernst. Aber
sie lassen weiter blicken und erahnen,
dass die Wirklichkeit nicht am sicht-
baren Horizont aufhört.

104 Seiten, 24 farbige Illustrationen, geb.
ISBN 978-3-7022-3832-2

Gabriele Danler
Christian Sint
**In der Liebe bleiben
wir verbunden**
Gedanken für den Weg der Trauer
Wenn ein uns nahestehender Mensch
stirbt, geraten wir ins Wanken. Hoff-
nungs- und Orientierungslosigkeit, Einsamkeit machen sich breit. Das Leben
verliert seinen Sinn. Dieses Geschenk-
buch möchte mit einfühlsamen Texten
und behutsamen Naturbildern der
Trauer Raum geben.

44 Seiten, durchgehend farb. illustriert, geb.
ISBN 978-3-7022-3680-9